3.27 Reis-Dulse-Suppe 28
3.28 Rinderbrühe mit Eigelb . 29
3.29 Rosmarinkartoffeln 29
3.30 Selleriesaft 30
3.31 Selleriesuppe 30
3.32 Spargelcremesuppe 31
3.33 Tee aus Holunderblüten 32
3.34 Tee aus Rooibos 33
3.35 Teemischung Leberglätter 33
3.36 Vanillepudding 34
3.37 Vollmilch-Getreide-Brei 34

4 Wirkung der Lebensmittel 35
4.1 Zutaten verwenden: empfehlenswert 35
4.2 Zutaten verwenden: ja 35
4.3 Zutaten verwenden: wenig 38
4.4 Kontraindikativ wirkende Lebensmittel nicht verwenden 40

5 Komplementär 43
5.1 Dekokt (Abkochung) 43
5.1.1 Löwenzahn Wurzel 43
5.1.2 Wacholderbeeren 43
5.2 Heil-Tee (Aufguss) 44
5.2.1 Anis 44
5.2.2 Granatapfelschale 44
5.2.3 Leberblümchen 44
5.2.4 Pfefferminzblätter 44
5.2.5 Rooibos 45
5.2.6 Tausendguldenkraut 45
5.3 Komplementäre Anwendung 45
5.3.1 Tuina Massage 45
5.4 Speisezugabe 45
5.4.1 Gelbwurz (Kurkuma) 45
5.5 Verschiedene Möglichkeiten 46
5.5.1 Ampfer 46

6 Grundlagen der Ernährung 47
6.1 Ernährung 47
6.2 Rezepte 49
6.3 Lebensmittel 50
6.4 Kräuter 51

7 Weitere Ernährungsvorschläge 52

1.1 Vorwort

Die Weltgesundheitsorganisation (WHO) davon spricht, dass bis zu 80% der Erkrankungen durch äußere Faktoren wie Ernährung, Lebensstil, Umweltgifte und dergleichen beeinflusst werden.

Welche Faktoren also jeder einzelne von uns aktiv beeinflussen kann und somit seine Chancen auf Erhöhung der allgemein Gesundheit erzielen kann, darum geht es auf den folgenden Seiten.

Der Fokus in diesem Buch liegt auf dem Faktor mit der größten Hebelwirkung - der Ernährung.
Schon Hippokrates hat einst gesagt "Lass die Nahrung deine Medizin sein und Medizin deine Nahrung!" Kräuterpädagog:innen heute sagen so: "Es gibt für jede Krankheit das richtige Kraut."

Egal wie wir es drehen und wenden, wir sind was wir essen (und was unser Essen gegessen hat). Der moderne Mensch sieht sich gerne isoliert von seiner Umwelt. Wir entstehen aus unserer Umwelt, wir leben inmitten von ihr und wenn wir sterben gehen wir wieder in unsere Umwelt über. Während wir leben essen wir das, was in unserer Umwelt wächst (oder in Fabriken chemisch erzeugt wird). Diese Nahrung liefert die Energie und Bausteine, für den eigenen Körper, für den Stoffwechsel, Zellerneuerung, den Hormonhaushalt und damit für unser gesamtes Sein, die Gesundheit und unser Empfinden.

Hier ein paar Grundbausteine, bevor in dem Buch noch näher auf Ernährungsfaktoren eingegangen wird, die sozusagen der kleinste gemeinsame Nenner der meisten Ernährungsphilosophien sind:

- Saisonalität
    - Winterpflanzen, wie zum Beispiel verschiedene Kohlgewächse, versorgen uns mit Unmengen von Vitamin C und Bitterstoffen. Zwei Faktoren, die unser Immunsystem bei der Abwehr von der Kälte und den typischen Infekten in der Winterzeit unterstützen.
    - Sommerpflanzen wie zum Beispiel Gurken, Tomaten aber auch Zitrusfrüchte kühlen unseren aufgeheizten Körper und versorgen uns mit viel Wasser.
    - Außerdem müssen bei saisonalen Pflanzen weniger chemische Helferlein eingesetzt werden, da die

1 Ernährung bei Gallensteine

Diese Empfehlungen bitte immer mit Ernährungsberater/in, Arzt oder Diätologen/in absprechen! Die Rezepte und Zutatenlisten unterstützen die medizinischen Therapien.

Die Kalorienangaben frischer Zutaten (Obst und Gemüse) und die Inhaltsstoffe schwanken je nach Qualität und Erntezeit. Die Inhalte wurden von einer Diätologin und einer Ernährungsberaterin für die Traditionelle Chinesische Medizin (TCM) geprüft.

Autor:

Liebe Leserinnen und Leser, ich wünsche Ihnen viel Erfolg und gutes Gelingen bei der Umstellung Ihrer Ernährung. Dieses Buch wurde aus eigener Erfahrung mit Krankheit und Ernährung geschrieben und ich habe schon immer das Zubereiten guter Speisen geschätzt. Wenn Sie nicht so geübt sind im Kochen, empfiehlt sich ein Kurs bei Ernährungsberatern oder Diätologen, die Ihnen die Grundlagen der Kochmethoden sowie die richtige Verarbeitung der Zutaten vermitteln können. Anhand der Lebensmittellisten aus diesem Buch können Sie weitere Rezepte entwickeln und entdecken.

Quelle:

Die Listen werden aus der EBNS-Datenbank für die Ernährungsberatung generiert. Die Datenbank wird von Ernährungsberater, Therapeuten und Ärzte für die Beratung der Patienten/Klienten verwendet und ermöglicht eine Kombination mehrerer Syndrome.

Literaturliste:

Wir haben die Unterlagen als Wissensbasis genutzt und an unsere Erfahrungen angepasst und ergänzt.
www.ebns.at

Herstellung und Verlag:
BoD – Books on Demand, Norderstedt
ISBN: 9783739233710

DIÄTETIK - Gastrointestinaltrakt - Leber, Gallenblase, Gallenwege - Cholelithiasis (Gallensteine)

(Buch: 026)

1 Ernährung bei Gallensteine 1
1.1 Vorwort 4
1.2 Beschreibung 6
1.3 Therapiestrategie 7
1.4 Vermeiden 7
2 Speiseplan 7
2.1 Frühstück 7
2.2 Jause 8
2.3 Mittag 8
2.4 Nachmittag 8
2.5 Abend 9
3 Rezepte 10
3.1 Aubergine mit Olivenöl und Kurkuma 10
3.2 Aufgeschlagene Banane 10
3.3 Baby Bananenbrei 11
3.4 Bananen-Sojamilch 12
3.5 Basmatireis + Zucchini-Tofupfanne 12
3.6 Brennnessel mit Mangold Suppe 13
3.7 Fenchel-Reissuppe 14
3.8 Geröstete Hirse mit Stangensellerie 14
3.9 Gerstenbrei mit Beeren 15
3.10 Grundrezept für eine Hühnerbrühe 16
3.11 Grundrezept für eine nahrhafte Gemüsebrühe 16
3.12 Grundrezept für eine Reissuppe (Congee) 17
3.13 Grundrezept für eine Rinderbrühe (klar) 18
3.14 Hafer-Congee 19
3.15 Herzhafter Polentabrei 19
3.16 Hühnerfleisch mit weißen Rüben auf Reis 20
3.17 Hühnersuppe mit Eigelb und Petersilie 21
3.18 Karotten- Reisschleimsuppe 22
3.19 Kartoffel-Basilikumsuppe 22
3.20 Kartoffelcreme mit Kräuter-Frischkäse 23
3.21 Kartoffelpuffer 24
3.22 Kompott aus Äpfeln 25
3.23 Kürbis-Joghurt-Suppe 25
3.24 Kuzusuppe in der Früh 26
3.25 Nudelsuppe 27
3.26 Reis-Congee mit Karotten und Fenchel 28

passenden Umweltfaktoren das Wachstum sowieso fördern.

- Regionalität
  - Damit einher geht auch der Faktor der Regionalität. Regionale pflanzliche Lebensmittel werden reif geerntet und haben somit alle Nährstoffe entwickeln können. Im Gegensatz dazu wird Obst und Gemüse aus ferneren Ländern unreif geerntet und nur durch den Einsatz von chemischen Mitteln unnatürlich "nachgereift" - bzw. nur nach-gefärbt. Die Dichte der Nährstoffe und auch der Geschmack kann dabei niemals mit regionalen Lebensmitteln mithalten. (Sie haben es vielleicht schon selber erlebt, dass eine Südfrucht aus dem jeweiligen Ursprungsland dort im Urlaub viel süßer und vollmundiger schmeckt als die gleiche Frucht aus dem zentraleuropäischen Supermarkt).
- Pflanzenbasierte Ernährung
  - Ja, diese Basis teilen selbst die Anhänger der Fleischdiät mit den Veganern. Denn bei der Fleischdiät geht es auch um Fleisch von Tieren, die sich artgerecht, sprich von vielen Gräsern und Kräutern ernährt haben. Die Masse an Getreide in der heutigen Ernährung - egal ob bei Mensch oder Tier - entspricht nicht der natürlichen Ernährungsweise. Sie macht uns krank, dick und manche behaupten sogar dumm (das weist auf die Schädigung der neuronalen Netzwerke hin, die durch den Konsum von Kohlenhydraten passiert hin). Pflanzen im Sinne von Gemüse, Kräutern, Salaten, Sprossen, in geringen Mengen Obst, Nüsse, Samen, etc. liefern neben den viel beschriebenen Vitaminen und Mineralstoffen vor allem sekundäre Pflanzenstoffe, die herausragende Heilwirkung haben. So werden eine Vielzahl unserer Medikamente auf Basis der natürlich vorkommenden Pflanzenstoffe nachgebaut. Allerdings sind da diverse Säuren und andere Wirkstoffe extrahiert und wirken nur alleine - mit den Pflanzen selbst nehmen wir sie in einer reichhaltigen und sich gegenseitig verstärkenden Kombination vielerlei wirksamer Stoffe zu uns.

Ja zusätzlich zu diesen 3 großen Punkten gibt es immer noch sehr viel zu beachten. Ein optimales Verhältnis von Omega 3 zu Omega 6 Fettsäuren (empfohlen wird 1:3), eine individuell und situationsbedingte

Eiweißversorgung und so weiter.

Eine ganz gute und einfache Richtlinie für die alltägliche Ernährung bietet der ideale Teller. Der sieht so aus, dass möglichst jede Mahlzeit zur Hälfte aus pflanzlichen Bestandteilen besteht, ein Viertel der Eiweißversorgung dient und ein Viertel die Mahlzeit durch gute Fette und eventuell Kohlenhydrate abrundet.

Die Feinjustierung rund um die Zubereitungsarten, die Zusammenstellungen und so weiter sehe ich als sehr individuell an. Es gibt meines Erachtens nicht die 1 perfekte Ernährung. Es gibt so viele großartige Philosophien und Studien, die alle wunderbare Heilungen berichten und sich dabei aber gegenseitig ausschließen. Was auf den ersten Blick vielleicht paradox wirkt, eröffnet bei näherer Betrachtung ganz viele Möglichkeiten des Probierens und neuer Chancen.

Neben der Ernährung werden noch folgende Faktoren genannt:

- die Giftstoffbelastung in unserer Umwelt sowie in Pflegeprodukten oder eben in der Ernährung
- eine Balance aus Aktivität, (kurzzeitigem) Stress und der Entspannung wie auch Schlaf
- Aufarbeitung der emotionalen Wunden aus der Vergangenheit und Steigerung der Resilienz
- Biologische Zahnheilkunde
- eine optimierte Versorgung durch Heilkräuter, Heilpilze udgl.
- Früherkennung durch bewährte und schonende Verfahren
-

1.2 Beschreibung

Gallenflüssigkeit wird von der Leber sezerniert, eingedickt - zwischen den Mahlzeiten - und in der Gallenblase gesammelt. Dort kann sie kristallisieren, sodass Steine entstehen. Gallensteine in der Gallenblase oder in den Gallenwegen können symptomlos vorkommen. Koliken werden ausgelöst, wenn sich ein Stein verklemmt oder der Druck steigt (besonders nach dem Essen fetter Speisen). Sie verursachen Schmerzen im rechten Oberbauch.

1.3 Therapiestrategie

5 kleine ballaststoffreiche Mahlzeiten täglich essen. Große Portionen und fette Mahlzeiten vermeiden. Alkohol vermeiden. Transfette meiden. Lebensmittel meiden, die im Verdacht stehen, Gallenkoliken auszulösen (Gebratene und frittierte Speisen, Hülsenfrüchte, Eier, Alkohol, Kaffee, Schwarzer Tee).
Ausreichende Flüssigkeitszufuhr von mind. 2 Litern täglich.
Bei Schmerzen leichte Vollkost.

1.4 Vermeiden

Übergewicht, Gebratene, gebackene, geröstete, geselchte oder panierte Fleischspeisen, fette Fleisch- oder Geflügelsorten wie z.B. Gans, Ente oder fettes Schweinefleisch, Hirn, Bries, Räucherspeck, Niere.

---

2 Speiseplan

Kkal. p. Portion

2.1 Frühstück

Aufgeschlagene Banane 144,0
Bananen-Sojamilch 125,8
Fenchel-Reissuppe 155,9
Geröstete Hirse mit Stangensellerie 400,1
Hafer-Congee 162,1
Herzhafter Polentabrei 262,0
Karotten- Reisschleimsuppe 101,0
Kartoffel-Basilikumsuppe 95,6
Kartoffelcreme mit Kräuter-Frischkäse 217,0
Kartoffelpuffer 893,3
Kompott aus Äpfeln 67,3
Kürbis-Joghurt-Suppe 68,2
Kuzusuppe in der Früh 2,2
Reis-Dulse-Suppe 190,9
Rinderbrühe mit Eigelb 173,5
Rosmarinkartoffeln 188,7
Selleriesaft 33,4

Selleriesuppe 101,2
Tee aus Holunderblüten 7,1
Teemischung Leberglätter 0,0
Vanillepudding 254,7

2.2 Jause

Baby Bananenbrei 235,6
Gerstenbrei mit Beeren 112,6

2.3 Mittag

Aubergine mit Olivenöl und Kurkuma 432,3
Aufgeschlagene Banane 144,0
Bananen-Sojamilch 125,8
Basmatireis + Zucchini-Tofupfanne 145,9
Brennnessel mit Mangold Suppe 52,1
Fenchel-Reissuppe 155,9
Geröstete Hirse mit Stangensellerie 400,1
Hafer-Congee 162,1
Herzhafter Polentabrei 262,0
Hühnerfleisch mit weißen Rüben auf Reis 323,5
Hühnersuppe mit Eigelb und Petersilie 117,8
Karotten- Reisschleimsuppe 101,0
Kartoffel-Basilikumsuppe 95,6
Kartoffelcreme mit Kräuter-Frischkäse 217,0
Kartoffelpuffer 893,3
Kompott aus Äpfeln 67,3
Kürbis-Joghurt-Suppe 68,2
Nudelsuppe 236,8
Reis-Dulse-Suppe 190,9
Rinderbrühe mit Eigelb 173,5
Rosmarinkartoffeln 188,7
Selleriesaft 33,4
Selleriesuppe 101,2
Spargelcremesuppe 240,0
Tee aus Holunderblüten 7,1
Teemischung Leberglätter 0,0
Vollmilch-Getreide-Brei 206,0

2.4 Nachmittag

Gerstenbrei mit Beeren 112,6
Vanillepudding 254,7

2.5 Abend

Aubergine mit Olivenöl und Kurkuma 432,3
Basmatireis + Zucchini-Tofupfanne 145,9
Fenchel-Reissuppe 155,9
Geröstete Hirse mit Stangensellerie 400,1
Hafer-Congee 162,1
Herzhafter Polentabrei 262,0
Hühnerfleisch mit weißen Rüben auf Reis 323,5
Kartoffel-Basilikumsuppe 95,6
Kompott aus Äpfeln 67,3
Kürbis-Joghurt-Suppe 68,2
Nudelsuppe 236,8
Reis-Congee mit Karotten und Fenchel 131,6
Rosmarinkartoffeln 188,7
Selleriesaft 33,4
Selleriesuppe 101,2
Spargelcremesuppe 240,0
Tee aus Holunderblüten 7,1
Teemischung Leberglätter 0,0
Vollmilch-Getreide-Brei 206,0

3 Rezepte

empfehlenswert = Sie können mehr verwenden
wenig = wenn möglich weniger verwenden
weniger als angegeben = möglichst nicht verwenden

3.1 Aubergine mit Olivenöl und Kurkuma

Fördert Durchblutung, lindert Entzündung und Schmerzen, fördert Verdauung, hilft Fett zu verdauen, ist harntreibend, senkt Blutdruck.

Anzahl Portionen: 2
Kalorien p. Portion 432
Gramm p. Portion 321,5
Kochdauer ca. 30 Min.
Allergene: A
(Kohlehydrat:47,45% / Eiweiß & Fett:52,55%)
100g.≈ Eiweiß 6,14g. Fett:30,66g.
µg. - Ph:12,28 Na:20,77 Ka:85,6 Mg:5,48 Ca:7,09 Fe:0,18 Zn:0,05 Col.:0,02 Hsr.:9,67

Zutaten:
Aubergine 2 Stück / 300g. (empfehlenswert)
Olivenöl 4 EL / 60g. (wenig)
Tomate 4 Stück / 200g. (wenig)
Kurkuma (Gelbwurz) 1/2 TL / 1g. (empfehlenswert)
Kümmel 1 Prise / 1g. (empfehlenswert)
Salz 1 Prise / 1g. (wenig)
Weißbrot (Weizenbrot) 4 Scheiben / 80g. (ja)

Kochanleitung:
Aubergine in Scheiben schneiden und mit halbierten Tomaten auf einem Backblech ausbreiten. Mit Olivenöl beträufeln und mit Kurkuma, Kümmel und Salz würzen. Im Ofen 20 Min. backen. Mit dem Weißbrot servieren.

3.2 Aufgeschlagene Banane

2 x tgl. essen, reguliert Magen-Darm-Funktion, wirkt stopfend.

Anzahl Portionen: 1
Kalorien p. Portion 144
Gramm p. Portion 150
Kochdauer ca. 7 Min.
(Kohlehydrat:94,54% / Eiweiß & Fett:5,46%)
100g.≈ Eiweiß 1,65g. Fett:0,3g.
µg. - Ph:28 Na:1 Ka:393 Mg:36 Ca:9 Fe:0,6 Zn:0,2 Col.:0 Hsr.:25

Zutaten:
Banane 1 Stück / 150g. (empfehlenswert)

Kochanleitung:
Banane mit der Gabel zerdrücken oder mit einem Mixstab pürieren. Mindestens 5 Min. braun werden lassen.

3.3 Baby Bananenbrei

Reguliert Magen-Darm-Funktion, schont die Verdauungsorgane, entgiftet, gut bei Appetitlosigkeit, Blähungen, Darmentzündungen.

Anzahl Portionen:	1
Kalorien p. Portion	236
Gramm p. Portion	255
Kochdauer ca.	10 Min.
Allergene:	AG

(Kohlehydrat:73,65% / Eiweiß & Fett:26,35%)
100g.≈ Eiweiß 3,45g. Fett:8,92g.
µg. - Ph:36,12 Na:1,63 Ka:183,45 Mg:24,69 Ca:9,47 Fe:0,25 Zn:0,14 Col.:9,41 Hsr.:23,92

Zutaten:
Wasser 125 ml. / 125g. (ja)
Weizen Flocken 20 g. / 20g. (ja)
Banane 100 g. / 100g. (empfehlenswert)
Butter Bio 1 EL / 10g. (ja)

Kochanleitung:
Das Wasser mit den Flocken in einem kleinen Topf verrühren. Bei schwacher Hitze zum Kochen bringen, 1-2 Min. kochen lassen und dann von der Kochstelle nehmen. Die Banane in den Topf schneiden, die Butter zugeben und mit einem Mixstab pürieren. Den Bananenbrei in einen Teller füllen und das Baby mit dem Löffel füttern. (Der Nachmittagsbrei wird grundsätzlich nur mit Wasser gekocht. Daher ist es umso wichtiger, die Fettzugabe nicht zu vergessen, denn sonst hat Ihr Baby lange vor der nächsten Mahlzeit schon wieder Hunger.) Sie können statt Butter auch Maiskeimöl nehmen. Besonders dann, wenn der Brei nicht mehr so heiß ist, verteilt sich das Öl leichter und angenehmer. Wenn Sie statt Weizenflocken Buchweizen-, Hirse-, Mais- oder Reisflocken verwenden, ist der Brei glutenfrei.

3.4 Bananen-Sojamilch

Gut bei Appetitlosigkeit, Mundschleimhautentzündung. Stärkt Körperenergie, fördert Verdauung, lindert Schmerzen, entgiftet, bakterizid.

Anzahl Portionen: 2
Kalorien p. Portion 126
Gramm p. Portion 263
Kochdauer ca. 5 Min.
Allergene: E
(Kohlehydrat:59,53% / Eiweiß & Fett:40,47%)
100g.≈ Eiweiß 7,49g. Fett:4,14g.
µg. - Ph:21,94 Na:251,11 Ka:110,08 Mg:13,31 Ca:9,78 Fe:0,4 Zn:0,11 Col.:0 Hsr.:33,68

Zutaten:
Banane 1 Stück / 120g. (empfehlenswert)
Sojabohnenmilch 400 ml. / 400g. (wenig)
Honig 1 TL / 3g. (wenig)
Zimtpulver 1 Prise / 1g. (ja)
Acerola Fruchtnektar oder Pulver 1 TL / 2g. (wenig)

Kochanleitung:
Banane in Stücke schneiden, mit Sojamilch, Acerola, Honig und Zimt mit dem Mixstab pürieren.

3.5 Basmatireis + Zucchini-Tofupfanne

Harntreibend, harmonisiert Milz und Magen, lindert Blähungen. Gut bei Übergewicht und Bluthochdruck. Antioxidativ, fördert Verdauung, entgiftet, stärkt Säfteproduktion, treibt Schweiß, stärkt Magen.

Anzahl Portionen: 4
Kalorien p. Portion 146
Gramm p. Portion 306,75
Kochdauer ca. 20 min.
Allergene: E
(Kohlehydrat:56,62% / Eiweiß & Fett:43,38%)
100g.≈ Eiweiß 7,95g. Fett:4,89g.
µg. - Ph:13,21 Na:0,7 Ka:33,77 Mg:10,99 Ca:11,98 Fe:0,34 Zn:0,02 Col.:0 Hsr.:7,75

Zutaten:
Soja Tofu 250 g. / 250g. (wenig)
Olivenöl 2 EL / 6g. (wenig)
Koriander 1/2 TL / 4g. (ja)
Ingwer frisch 1/2 TL / 4g. (weniger als angegeben)
Reis Basmatireis 1/2 Tasse / 60g. (ja)
Wasser 3 Tassen / 200g. (ja)
Zucchini 1 Stück / 700g. (empfehlenswert)

Kochanleitung:
Tofu würfelig schneiden und mit Olivenöl, Tamari, zerstoßenem Koriander und Ingwer marinieren und mindestens 1 Std. ziehen lassen. Basmatireis im Wasser kochen und evtl. mit Zwiebel und Kardamom würzen. Zucchini und Tofu in einer Pfanne in heißem Öl ca. 5-7 Min. rösten und auf Tellern getrennt vom Reis anrichten. Petersilie drüberstreuen. Kann auch kalt als Salat für zuhause oder unterwegs verwendet werden.

3.6 Brennnessel mit Mangold Suppe

Harntreibend, reinigt die Nieren, blutreinigend, entschlackend, unterstützend bei Prostatabeschwerden, hemmt die Bildung von Entzündungsstoffen, wirkt schmerzlindernd. Mangold unterstützt die Darmtätigkeit und reinigt den Darm.

Anzahl Portionen: 4
Kalorien p. Portion 52
Gramm p. Portion 230,38
Kochdauer ca. 30 Min.
(Kohlehydrat:41,21% / Eiweiß & Fett:58,79%)
100g.≈ Eiweiß 2,64g. Fett:2,87g.
µg. - Ph:5,68 Na:12,63 Ka:52,35 Mg:11,26 Ca:15,14 Fe:0,37 Zn:0,01 Col.:0 Hsr.:9,79

Zutaten:
Brennnessel 1 Handvoll / 10g. (ja)
Mangold 1/2 Kg. / 500g. (ja)
Salz 1 Prise / 1g. (wenig)
Wasser 1/2 Liter / 400g. (ja)
Olivenöl 1 EL / 10g. (wenig)
Pfeffer gemahlen 1 Prise / 0,5g. ()

Kochanleitung:
In einem Topf das Öl erhitzen, den gewaschenen und fein geschnittenen Mangold dazugeben, salzen und 10 Min. köcheln lassen. Die gehackten Brennnesseln zufügen und weitere 10 Min. kochen. Mit Pfeffer würzen und pürieren.

3.7 Fenchel-Reissuppe

Stärkt Magen, lindert Verstopfung, regt Nerven an, entgiftet, lindert Entzündungen, verbessert Durchblutung.

Anzahl Portionen: 2
Kalorien p. Portion 156
Gramm p. Portion 234
Kochdauer ca. 15-20 Min.
Allergene: EG
(Kohlehydrat:88,32% / Eiweiß & Fett:11,68%)
100g.≈ Eiweiß 3,57g. Fett:6,65g.
µg. - Ph:14,68 Na:32,47 Ka:82,14 Mg:105,79 Ca:110,69 Fe:0,54 Zn:0,06 Col.:1,92 Hsr.:4,9

Zutaten:

Grundrezept für eine Reissuppe 300 ml. / 300g. (empfehlenswert)
Fenchel 1/2 Stück / 150g. (empfehlenswert)
Butter Bio 1 EL / 15g. (ja)
Sojasauce 1 Schuss / 3g. (wenig)

Kochanleitung:

Fenchel in der Reissuppe (nach Grundrezept) weich kochen. Vor dem Servieren ein Stück Butter und etwas Sojasoße zugeben.

3.8 Geröstete Hirse mit Stangensellerie

Stärkt Milz und Nieren, harntreibend, stoffwechselfördernd.

Anzahl Portionen: 2
Kalorien p. Portion 400
Gramm p. Portion 228
Kochdauer ca. 30 min
Allergene: L
(Kohlehydrat:82,09% / Eiweiß & Fett:17,91%)
100g.≈ Eiweiß 7g. Fett:2,59g.
µg. - Ph:44,42 Na:8,59 Ka:31,27 Mg:23,88 Ca:11,01 Fe:1,24 Zn:0,24 Col.:0 Hsr.:12,62

Zutaten:

Hirse 1 Tasse / 120g. (ja)
Wasser 2 Tassen / 240g. (ja)
Sellerie Stangensellerie 2 Stangen / 50g. (ja)
Kräuter verschiedene 1 EL / 10g. (ja)
Wasser 2 EL / 30g. (ja)
Salz 1 Prise / 1g. (wenig)
Salbei 3-4 Blätter / 2g. (ja)
Kresse 1 TL / 3g. (empfehlenswert)

Kochanleitung:
Hirse kurz anrösten, mit Wasser übergießen, kurz aufkochen und 20 Min. quellen lassen. Stangensellerie klein schneiden, mit Wasser, Salz und frischen Kräutern 10 Min. kochen und zu der Hirse geben. Frischen Salbei oder Kresse kleingehackt darüberstreuen.

3.9 Gerstenbrei mit Beeren

Harntreibend, stärkt Magen, befeuchtet Darm und Haut, entspannt, stillt Husten, führt leicht ab, stärkt Nieren, fördert Verdauung, entgiftet, treibt Schweiß, reduziert Blutfett, regt an, löst Stagnation.

Anzahl Portionen:	5
Kalorien p. Portion	113
Gramm p. Portion	318,6
Kochdauer ca.	2 Stunden
Allergene:	A

(Kohlehydrat:82,48% / Eiweiß & Fett:17,52%)
100g.≈ Eiweiß 4,02g. Fett:0,78g.
µg. - Ph:7,36 Na:0,55 Ka:13,46 Mg:3,14 Ca:2,78 Fe:0,08 Zn:0,01 Col.:0 Hsr.:2,4

Zutaten:
Wasser 10 Tassen / 1200g. (ja)
Gerste 1 Tasse / 120g. (ja)
Ingwer frisch 2 Scheiben / 2g. (weniger als angegeben)
Kardamom 3 Kapseln / 1g. (ja)
Salz 1 Prise / 1g. (wenig)
Himbeere 250 g. / 250g. (ja)
Kakao 1 Prise / 1g. (wenig)
Gerstenmalz 1 EL / 15g. (ja)
Zitronenmelisse (frisch) 2-4 Blätter / 3g. (ja)

Kochanleitung:
Gerste mit Wasser, Ingwer und Kardamomkapseln in einem großen Topf aufkochen. Mit einem Deckel fest verschließen und auf kleiner Stufe etwa 2 Std. lang kochen. Für 2 Portionen vom gekochten Gerstenbrei etwa 2 Schöpflöffel in eine Schüssel geben. Mit Sonnenblumenkernen, Malz, Kakaopulver und einer Prise Salz verrühren. Frische Beeren in den Brei rühren und mit frischer Minze oder Melisse bestreut servieren. Tipp: Der vorgekochte Gerstenbrei (ohne Früchte) kann gut im Kühlschrank aufbewahrt und sowohl für süße als auch für pikante Gerichte verwendet werden, z.B. mit gedünstetem Gemüse oder mit Kompott aus Früchten der Saison.

3.10 Grundrezept für eine Hühnerbrühe

Stärkt Blut, baut Milz und Magen auf, stärkt Knochenmark, senkt Blutdruck, bakterizid, stärkt Immunsystem, beugt Krebs vor, reduziert Strahlenverletzungen, fördert Schwitzen, löst Stagnation. Gut bei Appetitlosigkeit und Blähungen.

Anzahl Portionen: 9
Kalorien p. Portion 90
Gramm p. Portion 244,89
Kochdauer ca. 2-3 Stunden
Allergene: L
(Kohlehydrat:10,44% / Eiweiß & Fett:89,56%)
100g.≈ Eiweiß 15,69g. Fett:11,57g.
µg. - Ph:7,72 Na:5,27 Ka:16,86 Mg:1,2 Ca:3,41 Fe:0,1 Zn:0 Col.:0,25 Hsr.:8,27

Zutaten:

Huhn Fleisch 1/2 Stück / 600g. (wenig)
Karotte (Mohrrübe, Möhre) 2 Stück / 150g. (empfehlenswert)
Lauch (Porree) 1 Stange / 45g. (weniger als angegeben)
Sellerie Knolle 1 Stück / 500g. (empfehlenswert)
Ingwer frisch 2 Scheiben / 2g. (weniger als angegeben)
Bockshornklee 1 TL / 2g. (ja)
Wacholderbeere 1 TL / 3g. (ja)
Lorbeerblatt 3 Stück / 2g. (ja)
Wasser 1 Liter / 900g. (ja)

Kochanleitung:

Hühnerteile von Fett befreien, in einen Topf mit heißem Wasser geben, kurz aufkochen lassen und entstehenden Schaum abschöpfen. Grob geschnittenes Gemüse und alle Gewürze zugeben und 2-3 Std. bei mittlerer Hitze kochen, dann alles abseihen. Tipp: Wenn Sie das Fleisch als Suppeneinlage verwenden möchten, bereits nach 45 Min. herausnehmen und nur die Knochen in der Suppe lassen.

3.11 Grundrezept für eine nahrhafte Gemüsebrühe

Senkt Blutdruck und Blutfett, bakterizid, stärkt Immunsystem, beugt Krebs vor, stärkt Magen, löst Stagnation, fördert Gewichtsabnahme, hilft bei Appetitlosigkeit, Blähungen, Depressionen, Diabetes, Durchfall.

Anzahl Portionen: 5
Kalorien p. Portion 48
Gramm p. Portion 240,6
Kochdauer ca. 2-3 Stunden
Allergene: L
(Kohlehydrat:71,3% / Eiweiß & Fett:28,7%)
100g.≈ Eiweiß 1,57g. Fett:1,31g.
µg. - Ph:4,86 Na:3,67 Ka:25,68 Mg:1,8 Ca:6,32 Fe:0,1 Zn:0,01 Col.:0 Hsr.:2,78

Zutaten:
Olivenöl 1 EL / 4g. (wenig)
Zwiebel weiss 1 Stück / 60g. (weniger als angegeben)
Karotte (Mohrrübe, Möhre) 3 Stück / 200g. (empfehlenswert)
Pastinake 150 g. / 150g. (ja)
Sellerie Knolle 1 Tasse / 100g. (empfehlenswert)
Ingwer frisch 1/2 TL / 2g. (weniger als angegeben)
Zitrone 1/2 Stück / 25g. (weniger als angegeben)
Wacholderbeere 6 Stück / 6g. (ja)
Thymian getrocknet 1 Prise / 1g. (ja)
Liebstöckel 1 EL / 3g. (empfehlenswert)
Lorbeerblatt 2 Blätter / 1g. (ja)
Salz 1 Prise / 1g. (wenig)
Wasser 3/4 Liter / 650g. (ja)

Kochanleitung:
Gemüse würfelig schneiden. Öl in einem Topf erhitzen, die Zwiebel und das Gemüse darin anbraten, Ingwer und Lorbeer zugeben. Mit kaltem Wasser aufgießen, Zitronensaft zufügen und mit Wacholder, Thymian und Liebstöckel würzen. 2-3 Std. auf kleiner Stufe zugedeckt köcheln lassen. Brühe durch ein Sieb streichen und im Kühlschrank aufbewahren. Sie dient als Suppengrundlage und verfeinert Gemüse, Hülsenfrüchte oder Getreide.

3.12 Grundrezept für eine Reissuppe (Congee)

Niedriger Fettgehalt, zur Entwässerung des Körpers bei Übergewicht und Bluthochdruck.

Anzahl Portionen: 3
Kalorien p. Portion 140
Gramm p. Portion 273,33
Kochdauer ca. 2-4 Stunden
(Kohlehydrat:89,71% / Eiweiß & Fett:10,29%)
100g.≈ Eiweiß 2,96g. Fett:0,48g.
µg. - Ph:5,85 Na:0,58 Ka:5,02 Mg:3,41 Ca:1,72 Fe:0,03 Zn:0,02 Col.:0 Hsr.:6,34

Zutaten:
Reis Sorte beliebig 1 Tasse / 120g. (ja)
Wasser 6 Tassen / 700g. (ja)

Kochanleitung:
Man kocht Reis und Wasser in einem Verhältnis von etwa 1:6. Die Menge des Wassers bestimmt die Dicke des Breis (reine Geschmackssache). Der Reis quillt unwahrscheinlich auf, nehmen Sie also nicht viel. Geben Sie den Reis in einen Topf mit einem schweren Deckel. Wichtig ist, den Reis nach kurzem Aufkochen nur auf kleinster Stufe köcheln zu lassen, da er sonst anbrennt. Kochen Sie den Reis 2-4 Stunden. Je länger er kocht, desto stärkender wirkt er. Wenn Sie das Gericht zum Frühstück essen möchten, können Sie den Reis auch kurz vor dem Zubettgehen aufsetzen. Sicherheitshalber sollten Sie vorher einmal unter Beobachtung für eine ähnlich lange Zeit das Verhalten Ihres Topfes und Herdes prüfen, damit nichts anbrennt.

3.13 Grundrezept für eine Rinderbrühe (klar)

Stärkt Muskeln, Sehnen und Knochen, senkt Blutdruck, bakterizid, stärkt Immunsystem, beugt Krebs vor, reduziert Strahlenverletzungen, regt Verdauung an, reduziert Schmerzen, fördert Verdauung. Harntreibend, stillt Blutung. Rosmarin fördert Verdauung.

Anzahl Portionen:	10
Kalorien p. Portion	114
Gramm p. Portion	276
Kochdauer ca.	4-8 Stunden
Allergene:	O

(Kohlehydrat:22,24% / Eiweiß & Fett:77,76%)
100g.≈ Eiweiß 12,22g. Fett:4,1g.
µg. - Ph:5,14 Na:3,08 Ka:13,39 Mg:1,06 Ca:2,52 Fe:0,09 Zn:0,01 Col.:0,14 Hsr.:3,57

Zutaten:
Rind Suppenfleisch 500 g. / 500g. (wenig)
Rind Fleischknochen 200 g. / 200g. (wenig)
Essig (Rotweinessig) 1 Schuss / 3g. (wenig)
Wacholderbeere 8 Stück / 6g. (ja)
Rosmarin 1 Prise / 1g. (ja)
Karotte (Mohrrübe, Möhre) 3 Stück / 210g. (empfehlenswert)
Pastinake 2 Stück / 300g. (ja)
Lauch (Porree) 1 Stück / 200g. (weniger als angegeben)
Ingwer frisch 1/2 TL / 5g. (weniger als angegeben)
Liebstöckel 1 Stiel / 15g. (empfehlenswert)
Nelke 2 Stück / 2g. (ja)
Piment 6 Stück / 12g. (ja)
Anis (gemeiner Fenchel) 2 Stück / 1g. (empfehlenswert)
Salz 1 TL / 5g. (wenig)
Wasser 1 1/2 Liter / 1300g. (ja)

Kochanleitung:
Rotweinessig, Wacholderbeeren, Rosmarin, Knochen und Fleisch in Wasser zum Kochen bringen. Karotten, Pastinaken, Lauch, Ingwer, Liebstöckelgrün, Nelken, Piment, Sternanis und etwas Salz zufügen und alles 4-8 Std. köcheln und dann abseihen. Brühe im Kühlschrank aufbewahren.

3.14 Hafer-Congee

Stärkt Abwehrkraft, unterstützt Wehen.

Anzahl Portionen: 3
Kalorien p. Portion 162
Gramm p. Portion 275
Kochdauer ca. 2-4 Stunden
Allergene: A
(Kohlehydrat:73,58% / Eiweiß & Fett:26,42%)
100g.≈ Eiweiß 7,04g. Fett:2,88g.
µg. - Ph:17,27 Na:0,69 Ka:17,93 Mg:6,8 Ca:5,45 Fe:0,3 Zn:0,09 Col.:0 Hsr.:7,53

Zutaten:
Hafer 1 Tasse / 125g. (ja)
Wasser 6 Tassen / 700g. (ja)

Kochanleitung:
Hafer und Wasser in einem Verhältnis von etwa 1:6 kochen. Die Menge des Wassers bestimmt die Dicke des Breis (reine Geschmackssache). Der Hafer quillt auf, nehmen Sie also nicht zu viel. Geben Sie den Hafer in einen Topf mit guter Isolierung und schwerem Deckel. Wichtig ist, den Hafer nach kurzem Aufkochen nur noch auf kleinster Flamme köcheln zu lassen, da er sonst anbrennt. Kochen Sie den Hafer 2-4 Stunden. Je länger er gekocht hat, desto stärkender wirkt er.

3.15 Herzhafter Polentabrei

Stärkt Milz und Magen, harntreibend, fördert Verdauung, entgiftet, treibt Schweiß, reduziert Blutfett, regt an, löst Stagnation, fördert Appetit.

Anzahl Portionen: 2
Kalorien p. Portion 262
Gramm p. Portion 207,5
Kochdauer ca. 10 Min.
(Kohlehydrat:80% / Eiweiß & Fett:20%)
100g.≈ Eiweiß 5,65g. Fett:5,94g.
µg. - Ph:6,71 Na:0,73 Ka:11,2 Mg:2,2 Ca:2,17 Fe:0,09 Zn:0,05 Col.:0 Hsr.:2,46

Zutaten:
Mais Gries (Polenta) 1 Tasse / 120g. (ja)
Zwiebel Frühlingszwiebel 2 Stück / 40g. (weniger als angegeben)
Ingwer frisch 1/2 TL / 2g. (weniger als angegeben)
Muskatnuss 1 Prise / 1g. (ja)
Salz 1 Prise / 1g. (wenig)
Olivenöl 1 EL / 10g. (wenig)
Kurkuma (Gelbwurz) 1 Prise / 1g. (empfehlenswert)
Wasser 2 Tassen / 240g. (ja)

Kochanleitung:
Polenta in kochendes Wasser einrühren und quellen lassen. Frühlingszwiebel, geriebenen Ingwer, Kurkuma, Muskat, Salz und Olivenöl zugeben und weiter ziehen lassen.

3.16 Hühnerfleisch mit weißen Rüben auf Reis

Huhn stärkt Blut und Knochenmark und Reis ist gut zur Entwässerung des Körpers bei Übergewicht und Bluthochdruck.

Anzahl Portionen:	4
Kalorien p. Portion	323
Gramm p. Portion	335,75
Kochdauer ca.	45 Min.
Allergene:	GL

(Kohlehydrat:40% / Eiweiß & Fett:60%)
100g.≈ Eiweiß 26,26g. Fett:27,38g.
µg. - Ph:6,15 Na:1,56 Ka:8,19 Mg:1,93 Ca:2,54 Fe:0,07 Zn:0,02 Col.:1,63 Hsr.:4,88

Zutaten:
Butter Bio 2 EL / 20g. (ja)
Olivenöl 2 EL / 20g. (wenig)
Zwiebel weiss 1 Stück / 60g. (weniger als angegeben)
Speiserüben 4 Stück / 200g. (empfehlenswert)
Knoblauch 2 Stück / 3g. (weniger als angegeben)
Grundrezept für eine Hühnerbrühe wärmend 1/4 Liter / 100g. (empfehlenswert)
Petersilie 3 EL / 15g. (empfehlenswert)
Salz 1 Prise / 1g. (wenig)
Olivenöl 1 TL / 4g. (wenig)
Huhn Fleisch 400 g. / 400g. (wenig)
Wasser 6 Tassen / 400g. (ja)
Reis Basmatireis 1 Tasse / 120g. (ja)

Kochanleitung:
Die Butter und das Öl In einem schweren Topf bei niedriger Temperatur erhitzen. Die Zwiebel dazugeben, umrühren und etwa 20 Min. lang bei sehr schwacher Hitze weich und goldbraun dünsten. Die kleingeschnittenen Rüben und die gehackten Knoblauchzehen hineingeben und gut umrühren. Mit der Hühnerbrühe oder Wasser aufgießen, etwas Salz hinzufügen und zum Kochen bringen. Die Wärmezufuhr drosseln, den Deckel auflegen und die Rüben etwa 20 Min. köcheln lassen. Dazwischen hin und wieder nachsehen, ob noch genügend Flüssigkeit im Topf ist und bei Bedarf etwas Hühnerbrühe aufgießen. Am Schluss sollte nur noch sehr wenig Flüssigkeit im Topf sein. Den Deckel abnehmen und die restliche Flüssigkeit unter ständigem Rühren verdampfen lassen. In der Zwischenzeit in einer Pfanne mit wenig Öl die kleingeschnittenen Hühnerfleischstücke braten. Zum Schluss mit ein wenig Chili bestreuen und noch einmal unter ständigem Wenden 1 Min. weiter braten. Den Reis im Verhältnis 6:1 kochen. Hühnerfleischstücke, Rüben und Reis auf Tellern anrichten, die Soße darüber verteilen und mit Petersilie bestreut sofort servieren. Kleine, frische, unbehandelte Rüben brauchen nicht geschält zu werden. Ansonsten aber sollte man Rüben schälen und 10 Min. lang in heißes Wasser legen. Dadurch werden sie leichter verdaulich und verlieren etwas von ihrem scharfen, stechenden Geruch. Weiße Rüben sind reich an Vitamin C, Kalium und Folsäure.

3.17 Hühnersuppe mit Eigelb und Petersilie

Stärkt Blut, Knochenmark, Immunsystem und Sehkraft, baut Milz und Magen auf, senkt Blutdruck, bakterizid, harmonisiert Leber und Milz, entgiftet. Petersilie regt Leberfunktion an.

Anzahl Portionen:	2
Kalorien p. Portion	118
Gramm p. Portion	260
Kochdauer ca.	10 Min.
Allergene:	CL

(Kohlehydrat:82,37% / Eiweiß & Fett:17,63%)
100g.≈ Eiweiß 16,35g. Fett:2,49g.
µg. - Ph:13,95 Na:17,66 Ka:18 Mg:49,59 Ca:138,8 Fe:0,55 Zn:0,05 Col.:6,53 Hsr.:4,43

Zutaten:
Grundrezept für eine Hühnerbrühe 1/2 Liter / 500g. (empfehlenswert)
Huhn Eigelb 1 Stück / 10g. (wenig)
Petersilie 1 EL / 10g. (empfehlenswert)

Kochanleitung:
Brühe erhitzen und das Eigelb darin verquirlen. Die gehackte Petersilie drüberstreuen und ca. 2 Min. ziehen lassen und dann in kleinen Schlucken trinken.

3.18 Karotten- Reisschleimsuppe

Gegen Durchfall, bei Fieber, bakterizid, stärkt Immunsystem, senkt Blutdruck.

Anzahl Portionen: 1
Kalorien p. Portion 101
Gramm p. Portion 224
Kochdauer ca. 10 Min.
(Kohlehydrat:96% / Eiweiß & Fett:4%)
100g.≈ Eiweiß 2,37g. Fett:0,4g.
µg. - Ph:27,48 Na:20,34 Ka:65,63 Mg:170,89 Ca:178,57 Fe:1,03 Zn:0,34 Col.:0 Hsr.:12,3

Zutaten:
Grundrezept für eine Reissuppe 1 Tasse / 120g. (empfehlenswert)
Karotte (Mohrrübe, Möhre) 2 Stück / 100g. (empfehlenswert)
Salz 1 TL / 4g. (wenig)

Kochanleitung:
Karotten schälen und reiben. Die Reissuppe aufkochen und die geriebenen Karotten sowie Salz zufügen. 10 Min. kochen.

3.19 Kartoffel-Basilikumsuppe

Lindert Entzündungen, fördert Verdauung, harntreibend, senkt Cholesterinspiegel und Blutdruck, bakterizid, stärkt Immunsystem, beugt Krebs vor, reduziert Strahlenverletzungen, antioxidativ, löst Stagnation.

Anzahl Portionen: 4
Kalorien p. Portion 96
Gramm p. Portion 330,12
Kochdauer ca. 25 min.
Allergene: L
(Kohlehydrat:68,68% / Eiweiß & Fett:31,32%)
100g.≈ Eiweiß 3,24g. Fett:2,99g.
µg. - Ph:7,65 Na:13,39 Ka:52,12 Mg:2,43 Ca:11,65 Fe:0,11 Zn:0,01 Col.:0 Hsr.:7,59

Zutaten:
Wasser 500 ml / 450g. (ja)
Kartoffel 4 Stück / 200g. (empfehlenswert)
Karotte (Mohrrübe, Möhre) 2 Stück / 100g. (empfehlenswert)
Sellerie Knolle 1 Stück / 500g. (empfehlenswert)
Pfeffer gemahlen 1 Prise / 0,5g. ()

Kümmel 1 Prise / 1g. (empfehlenswert)
Knoblauch 1 Zehe / 3g. (weniger als angegeben)
Salz 1 Prise / 1g. (wenig)
Zitrone 1 TL / 3g. (weniger als angegeben)
Basilikum (frisch) 1 Bund / 50g. (ja)
Paprika (Rosenpaprikapulver) 1 Prise / 1g. (weniger als angegeben)
Zucker Ursüße (Zuckerrohr) süß 1 Prise / 1g. (wenig)
Olivenöl 1 EL / 10g. (wenig)

Kochanleitung:
4 mittelgroße Kartoffeln, 2 mittelgroße Karotten und 1 Stück Knollensellerie geschält und kleingeschnitten in heißes Wasser geben und zusammen mit einer Prise Pfeffer und Salz, einer Prise gemahlenem Kümmel, einer kleinen zerdrückten Knoblauchzehe und 1 TL Zitronensaft köcheln, bis das Gemüse weich ist. Von 1 Bund Basilikum (fein gehackt) eine Hälfte in die Suppe geben und alles pürieren. Die andere Hälfte anschließend unterrühren und mit Rosenpaprika, einer Prise Vollrohrzucker, 1 EL Olivenöl oder Butter, frisch gemahlenem Pfeffer und Salz abschmecken.

3.20 Kartoffelcreme mit Kräuter-Frischkäse

Gut bei Appetitlosigkeit, Schluckstörungen, Verstopfung, Blähungen und Übelkeit. Verbessert Verdauung, harntreibend, beugt Krebs vor, stärkt Magensaftproduktion, löst Stagnation, entkrampft und beruhigt.

Anzahl Portionen:	2
Kalorien p. Portion	217
Gramm p. Portion	218,5
Kochdauer ca.	25 Min.
Allergene:	G

(Kohlehydrat:14% / Eiweiß & Fett:86%)
100g.≈ Eiweiß 8,76g. Fett:11,22g.
µg. - Ph:18,66 Na:18,04 Ka:73,64 Mg:4,87 Ca:13,9 Fe:0,13 Zn:0,09 Col.:4,84 Hsr.:2,24

Zutaten:
Kartoffel (mehlige) 250 g. / 250g. (empfehlenswert)
Frischkäse 80 g. / 80g. (wenig)
Joghurt (natur, 1,5 % Fett) 3 EL / 45g. (ja)
Lauchzwiebel Schnittlauch 1/2 Bund / 50g. (weniger als angegeben)
Basilikum (frisch) 1 TL / 4g. (ja)
Petersilie 1 TL / 4g. (empfehlenswert)
Dill 1/2 TL / 2g. (empfehlenswert)
Salz 1 Prise / 1g. (wenig)
Schwarzkümmel 1 Prise / 0,5g. (empfehlenswert)
Pfeffer gemahlen 1 Prise / 0,5g. ()

Kochanleitung:
Kartoffeln in der Schale weich kochen, abziehen und durch die Kartoffelpresse drücken. Frischkäse, Joghurt und Kräuter unter die Kartoffeln mischen und mit Salz, zerstoßenem Schwarzkümmel und Pfeffer abschmecken.

3.21 Kartoffelpuffer

Stärkt Milz, lindert Entzündungen, verbessert Verdauung, regeneriert Haut, harntreibend, beruhigt Nerven und Magen, befeuchtet, führt ab, antiparasitär.

Anzahl Portionen:	1
Kalorien p. Portion	893
Gramm p. Portion	377
Kochdauer ca.	15 Min.
Allergene:	ACG

(Kohlehydrat:17,3% / Eiweiß & Fett:82,7%)
100g.≈ Eiweiß 12,4g. Fett:32,76g.
µg. - Ph:69,92 Na:22,7 Ka:275,07 Mg:17,98 Ca:27,85 Fe:0,58 Zn:0,44 Col.:45,38 Hsr.:15,19

Zutaten:
Kartoffel (mehlige) 250 g. / 250g. (empfehlenswert)
Weizen Mehl 10 g. / 10g. (ja)
Huhn Ei 1 Stück / 35g. (wenig)
Rapsöl 2 EL / 20g. (wenig)
Salz 1 Prise / 1g. (wenig)
Sahne sauer 20% 50 g. / 50g. (wenig)
Salz 1 Prise / 1g. (wenig)
Kräuter verschiedene 1 EL / 10g. (ja)

Kochanleitung:
Die geschälten Kartoffeln fein reiben, die übrigen Zutaten dazugeben, gut mischen und mit Salz würzen. Öl erhitzen und mit dem Löffel kleine flache Kuchen in die Pfanne geben. Kartoffelpuffer auf beiden Seiten knusprig goldbraun backen. Auf Teller verteilen und mit saurer Sahne anrichten, salzen und mit Kräutern bestreuen.

3.22 Kompott aus Äpfeln

Apfel (süß) stoppt Durchfall, fördert Verdauung, regt Appetit an, harmonisiert Magen, erwärmt Magen und Milz, fördert Durchblutung.

Anzahl Portionen: 2
Kalorien p. Portion 67
Gramm p. Portion 220,5
Kochdauer ca. 10 Min.
(Kohlehydrat:95,64% / Eiweiß & Fett:4,36%)
100g.≈ Eiweiß 0,24g. Fett:0,46g.
µg. - Ph:2,81 Na:1,03 Ka:36,45 Mg:1,81 Ca:4,33 Fe:0,13 Zn:0,03 Col.:0 Hsr.:3,74

Zutaten:
Apfel (süß) 1 Stück / 220g. (wenig)
Wasser 2 Tassen / 220g. (ja)
Zimtpulver 1 Prise / 1g. (ja)

Kochanleitung:
Bio-Apfel mit Schalen und Kernen klein geschnitten im Wasser weich kochen und mit Zimt bestreuen.

3.23 Kürbis-Joghurt-Suppe

Befeuchtet, entspannt, senkt Blutdruck, stärkt Immunsystem, fördert Gewichtsabnahme. Gut bei Abwehrschwäche, Appetitlosigkeit, Blähungen, Depressionen, Diabetes, Durchfall.

Anzahl Portionen: 4
Kalorien p. Portion 68
Gramm p. Portion 239
Kochdauer ca. 15 Min.
Allergene: GL
(Kohlehydrat:82,83% / Eiweiß & Fett:17,17%)
100g.≈ Eiweiß 2,37g. Fett:1,31g.
µg. - Ph:7,17 Na:3,58 Ka:26,41 Mg:11,21 Ca:43,83 Fe:0,07 Zn:0,01 Col.:0,05 Hsr.:1,4

Zutaten:
Grundrezept für eine Gemüsebrühe 300 ml. / 300g. (empfehlenswert)
Hokkaidokürbis 500 g. / 500g. (empfehlenswert)
Ingwer frisch 1/2 TL / 2g. (weniger als angegeben)
Fenchelsamen gemahlen 1/2 TL / 1g. (empfehlenswert)
Anis (gemeiner Fenchel) 1/4 TL / 1g. (empfehlenswert)
Joghurt (natur, 1,5 % Fett) 150 g. / 150g. (ja)
Pfefferminze 2 Blätter / 1g. (ja)
Salz 1 Prise / 1g. (wenig)

Kochanleitung:
Gemüsebrühe (nach Grundrezept) zum Kochen bringen. Gewürfelten Kürbis, kleingehackten Ingwer, zerstoßene Fenchelsamen und Anis dazugeben und Suppe zugedeckt ca. 12 Min. köcheln lassen, bis der Kürbis weich ist und dann vom Herd nehmen. Mit dem Mixstab die Suppe mit dem Joghurt fein pürieren und mit feingehackter Minze bestreut servieren.

3.24 Kuzusuppe in der Früh

Liefert viele Vitamine und Mineralstoffe. Gegen chronischen Husten, Asthma, Durchfall und Durst bei Diabetes mellitus.

Anzahl Portionen: 1
Kalorien p. Portion 2
Gramm p. Portion 254
Kochdauer ca. 5 min.
Allergene: E
(Kohlehydrat:32,97% / Eiweiß & Fett:67,03%)
100g.≈ Eiweiß 0,36g. Fett:0g.
µg. - Ph:1,65 Na:46,02 Ka:2,83 Mg:1,32 Ca:5,07 Fe:0,03 Zn:0,1 Col.:0 Hsr.:0

Zutaten:
Kuzu 1 TL / 3g. (ja)
Wasser 1/4 Liter / 250g. (ja)
Sojasauce 1 Schuss / 2g. (wenig)
Umeboshipaste 1 Messerspitze / 2g. (wenig)

Kochanleitung:
Kuzu mit kaltem Wasser anrühren und unter Rühren zum Kochen bringen. Sobald es glasig wird, vom Herd nehmen und abkühlen lassen. Mit Tamari und Umeboshipaste oder zerkleinerten Umeboshi-Pflaumen abschmecken. Vor dem richtigen Frühstück eingenommen, bietet dieses Rezept immer die Möglichkeit, Ihren Magen und Darm zu unterstützen. Eine morgendliche Kur für Magen und Schleimhäute. Bringt den Basenhaushalt in Ordnung.

3.25 Nudelsuppe

Schont die Verdauungsorgane, entgiftet, senkt Blutdruck, bakterizid, stärkt Immunsystem, Muskeln, Sehnen und Knochen, regt Leberfunktion an. Wirkt bei Appetitlosigkeit und Blähungen.

Anzahl Portionen:	8
Kalorien p. Portion	237
Gramm p. Portion	303,88
Kochdauer ca.	1 1/2 Stunden
Allergene:	ACEGL

(Kohlehydrat:63,55% / Eiweiß & Fett:36,45%)
100g.≈ Eiweiß 14,74g. Fett:5,04g.
µg. - Ph:8,6 Na:5,71 Ka:23,73 Mg:2,3 Ca:3,96 Fe:0,15 Zn:0,02 Col.:0,34 Hsr.:7,1

Zutaten:

Rind Suppenfleisch 300 g. / 300g. (wenig)
Wasser 1 Liter / 900g. (ja)
Lorbeerblatt 1 Stück / 1g. (ja)
Karotte (Mohrrübe, Möhre) 300 g. / 300g. (empfehlenswert)
Sellerie Stangensellerie 1 Staude / 200g. (ja)
Blumenkohl (Karfiol) 300 g. / 300g. (wenig)
Petersilie 1 Bund / 100g. (empfehlenswert)
Nudeln (Weizen) mit Ei 300 g. / 300g. (ja)
Butter Bio 1 EL / 10g. (ja)
Salz 1 TL / 2g. (wenig)
Sojasauce 1 EL / 8g. (wenig)
Tomatenmark 1 EL / 10g. (wenig)

Kochanleitung:

Das Fleisch abwaschen und im Wasser mit dem Lorbeerblatt bei schwacher Hitze etwa 30 Min. köcheln lassen. Die Karotten schälen und in Scheiben schneiden. Von der Selleriestaude das untere Ende und die Blätter abtrennen. Die Stiele waschen, die zähen Fäden abziehen und die Stiele in etwa 1 cm dicke Scheiben schneiden. Rosenkohl waschen, putzen und dabei die Röschen von unten kreuzweise einschneiden. Die Petersilie waschen und klein schneiden. Rosenkohl und Karottenscheiben zur Suppe geben und alles etwa 30 Min. weiterkochen. Nach etwa 10 Min. den Sellerie samt grünen Blättern sowie die Nudeln dazugeben. Zum Schluss Lorbeerblatt und Selleriegrün entfernen. Die Suppe mit Salz, Sojasoße, Tomatenmark und der restlichen Petersilie würzen. Das Fleisch herausheben, von Fett und Knochen befreien und würfeln und in der Suppe servieren.

3.26 Reis-Congee mit Karotten und Fenchel

Stärkt und wärmt Magen, lindert Verstopfung, regt Nerven an, entgiftet, lindert Entzündungen, verbessert Durchblutung, senkt Blutdruck, bakterizid, stärkt Immunsystem, beugt Krebs vor, reduziert Strahlenverletzungen.

Anzahl Portionen: 3
Kalorien p. Portion 132
Gramm p. Portion 284,67
Kochdauer ca. 2 Stunden
Allergene: G
(Kohlehydrat:94,12% / Eiweiß & Fett:5,88%)
100g.≈ Eiweiß 4,18g. Fett:1,37g.
µg. - Ph:9,78 Na:9,7 Ka:55,1 Mg:64,86 Ca:68,94 Fe:0,4 Zn:0,03 Col.:0,09 Hsr.:3,77

Zutaten:

Grundrezept für eine Reissuppe 1/2 Liter / 500g. (empfehlenswert)
Karotte (Mohrrübe, Möhre) 2 Stück / 100g. (empfehlenswert)
Fenchel 1 Stück / 250g. (empfehlenswert)
Butter Bio 1 TL / 3g. (ja)
Kardamom 1/2 TL / 1g. (ja)

Kochanleitung:

Reis-Congee nach Grundrezept kochen. Karotten und Fenchel putzen und klein schneiden. Hinweis: Wenn Karotten und Fenchel von Anfang an mitgekocht werden, dienen sie der Bekömmlichkeit. Werden sie kurz vor Ende der Kochzeit zugegeben, bleiben Geschmack und Vitamine erhalten. Vor dem Servieren mit Butter und Kardamom verfeinern.

3.27 Reis-Dulse-Suppe

Stärkt Milz und Leber, senkt Blutdruck, bakterizid, stärkt Immunsystem. Gut bei Durchblutungsstörungen, Durchfall und Fieber. Vitamin C bekämpft freie Radikale, fördert den Austausch von Eisen und Calcium, erhöht Resistenz gegen Infektionskrankheiten.

Anzahl Portionen: 2
Kalorien p. Portion 191
Gramm p. Portion 507,5
Kochdauer ca. 5 min
Allergene: L
(Kohlehydrat:96,23% / Eiweiß & Fett:3,77%)
100g.≈ Eiweiß 4,98g. Fett:1,75g.
µg. - Ph:9,95 Na:13,47 Ka:7,78 Mg:105,69 Ca:185,97 Fe:0,27 Zn:0,05 Col.:0 Hsr.:2,68

Zutaten:
Grundrezept für eine Reissuppe 4 Tassen / 500g. (empfehlenswert)
Grundrezept für eine Gemüsebrühe 1/2 Liter / 500g. (empfehlenswert)
Dulse (Lappentang) 2 EL / 15g. (ja)

Kochanleitung:
Je eine Portion vorgekochtes Grundrezept für eine Reissuppe (Congee) und vorgekochtes Grundrezept für eine Gemüsebrühe (nahrhaft) aufwärmen. Dulse im Backofen bei 220 Grad 3 Min. backen und die knusprige Dulse über den Reis streuen.

3.28 Rinderbrühe mit Eigelb

Stärkt Muskeln, Sehnen und Knochen, senkt Blutdruck, bakterizid, stärkt Immunsystem.

Anzahl Portionen: 1
Kalorien p. Portion 174
Gramm p. Portion 275
Kochdauer ca. 5 Min.
Allergene: CO
(Kohlehydrat:79,01% / Eiweiß & Fett:20,99%)
100g.≈ Eiweiß 13,95g. Fett:11,42g.
µg. - Ph:95,65 Na:29,33 Ka:23,55 Mg:84,18 Ca:199,09 Fe:1,38 Zn:1,25 Col.:115,67 Hsr.:3,82

Zutaten:
Grundrezept für eine Rinderbrühe 1/4 Liter / 250g. (empfehlenswert)
Huhn Eigelb 1 Stück / 25g. (wenig)

Kochanleitung:
Rindersuppe (nach Grundrezept für eine Rinderbrühe hergestellt) aufwärmen und das Dotter darin verquirlen.

3.29 Rosmarinkartoffeln

Kartoffel stärkt die Milz, lindert Entzündungen, verbessert die Verdauung, regeneriert die Haut, ist harntreibend, senkt Cholesterinspiegel. Rosmarin fördert Verdauung, stärkt Lunge, Milz und Nieren.

Anzahl Portionen: 2
Kalorien p. Portion 189
Gramm p. Portion 216,5
Kochdauer ca. 30 Min.
(Kohlehydrat:76,49% / Eiweiß & Fett:23,51%)
100g.≈ Eiweiß 4,21g. Fett:5,25g.
µg. - Ph:23,02 Na:1,45 Ka:165,76 Mg:9,44 Ca:3,73 Fe:0,2 Zn:0,07 Col.:0,01 Hsr.:7,27

Zutaten:
Kartoffel 6-8 Stück / 420g. (empfehlenswert)
Salz Kräutersalz 1 Prise / 1g. (wenig)
Olivenöl 1 EL / 10g. (wenig)
Rosmarin 1 TL / 2g. (ja)

Kochanleitung:
Kartoffeln der Länge nach halbieren, mit etwas Olivenöl bestreichen, salzen, 2-3 Rosmarinnadeln auf jede halbe Kartoffel streuen, auf Backblech setzen und im vorgeheizten Backofen ca. 25 Min. bei 190 Grad backen.

3.30 Selleriesaft

Mineral- und vitaminreich, stoffwechselfördernd und entwässernde Heilwirkung.

Anzahl Portionen:	1
Kalorien p. Portion	33
Gramm p. Portion	320,5
Kochdauer ca.	5 Min.
Allergene:	L

(Kohlehydrat:61,11% / Eiweiß & Fett:38,89%)
100g.≈ Eiweiß 2,4g. Fett:0,4g.
µg. - Ph:30,19 Na:83,35 Ka:214,67 Mg:8,05 Ca:52,18 Fe:0,32 Zn:0,1 Col.:0 Hsr.:43,68

Zutaten:
Sellerie Knolle 1/2 Stück / 200g. (empfehlenswert)
Wasser 1 Tasse / 120g. (ja)
Salz 1 Prise / 0,5g. (wenig)

Kochanleitung:
Sellerieknolle schälen, in Stücke schneiden und entsaften. Mit Wasser mischen und nach Bedarf salzen.

3.31 Selleriesuppe

Stärkt Magen, beruhigt Nerven, fördert Appetit und Verdauung, löst Stagnation.

Anzahl Portionen:	4
Kalorien p. Portion	101
Gramm p. Portion	285,62
Kochdauer ca.	45 Min.
Allergene:	ACGL

(Kohlehydrat:43,65% / Eiweiß & Fett:56,35%)
100g.≈ Eiweiß 4,33g. Fett:5,7g.
µg. - Ph:11,03 Na:20,2 Ka:44,23 Mg:2,49 Ca:11,41 Fe:0,11 Zn:0,01 Col.:1,44 Hsr.:8,46

Zutaten:
Wasser 1/2 Liter / 500g. (ja)
Butter Bio 1 EL / 15g. (ja)
Muskatnuss 1 Prise / 1g. (ja)
Salz 1 Prise / 1g. (wenig)
Dinkel Vollkornmehl 2-3 TL / 25g. (wenig)
Sellerie Knolle 1 Stück / 500g. (empfehlenswert)
Huhn Ei 1 Stück / 55g. (wenig)
Sahne sauer 10% 2-3 EL / 25g. (ja)
Sellerie Stangensellerie 2 EL / 20g. (ja)
Pfeffer gemahlen 1 Prise / 0,5g. ()

Kochanleitung:
1 EL Butter in einem Topf zerlassen. Eine Messerspitze Muskat, eine Prise Salz und 2-3 TL Dinkelvollkornmehl (fein und möglichst frisch gemahlen) hineingeben und unter Rühren zu einer Schwitze verarbeiten. 500 ml heißes Wasser nach und nach einrühren und den großen, fein geschnittenen Knollensellerie zugeben. Etwa 35 Min. garen und danach pürieren. 1 Eigelb mit der Sahne verrühren und in der heißen -nicht mehr kochenden!- Suppe kräftig untermengen. Einige Sellerieblätter fein gehackt dazugeben und mit Pfeffer und Salz abschmecken.

3.32 Spargelcremesuppe

Harntreibend, fördert Durchblutung, produziert Körpersäfte, beugt Krebs vor, führt ab, antiparasitär, regt Leberfunktion an. Gut bei Appetitlosigkeit, Blähungen, Rheuma, Sodbrennen.

Anzahl Portionen:	2
Kalorien p. Portion	240
Gramm p. Portion	409,5
Kochdauer ca.	45 Min.
Allergene:	ACG

(Kohlehydrat:21% / Eiweiß & Fett:79%)
100g.≈ Eiweiß 5,2g. Fett:19,85g.
µg. - Ph:9,44 Na:1,5 Ka:15,8 Mg:1,6 Ca:6,23 Fe:0,13 Zn:0,08 Col.:9,84 Hsr.:2,42

Zutaten:
Spargel (grün oder weiß) 200 g / 200g. (empfehlenswert)
Wasser 1/2 Liter / 500g. (ja)
Rapsöl 3 EL / 30g. (wenig)
Weizen Mehl 2 EL / 10g. (ja)
Huhn Eigelb 1 Stück / 25g. (wenig)
Kuhmilch (Vollmilch 3,5 % Fett) 1 EL / 15g. (wenig)
Sauerrahm 15% Fett 1 EL / 15g. (ja)

Pfeffer gemahlen 1 Prise / 0,5g. ()
Muskatnuss 1 Prise / 0,5g. (ja)
Zitrone Saft 1 TL / 2g. (weniger als angegeben)
Petersilie 2 EL / 20g. (empfehlenswert)
Salz 1 Prise / 1g. (wenig)

Kochanleitung:
Den Spargel waschen und schälen. Wasser, etwas Zitronensaft und eine Prise Salz zum Kochen bringen. Die Spargelstangen zusammenbinden. Spargelschalen ins Kochwasser geben und aufkochen lassen. Den Spargel in die kochende Flüssigkeit geben und auf kleiner Hitze ca. 20 Min. garen lassen. Danach die Spargelbündel herausnehmen und den Sud durch ein Sieb gießen. Für die Einbrenne das Öl in einem Topf erhitzen, das Mehl zugeben und farblos anschwitzen. Mit dem Spargelsud langsam auffüllen und 10 Min. köcheln lassen. Die Spargelstangen in ca. 3 cm lange Stücke schneiden und unter die abgebundene Suppe geben. Kurz vor dem Servieren die Suppe nochmals aufkochen lassen. Das Eigelb mit Milch und Sauerrahm verrühren. Den Topf vom Herd nehmen und danach das Eigelb-Milch-Gemisch unterrühren. Mit Pfeffer und Muskat abschmecken, mit der gehackten Petersilie dekorieren und sofort servieren.

3.33 Tee aus Holunderblüten

Harn- und schweißtreibend. Gut bei Halsschmerzen, Erkältungen, Grippe, Harnsteinen, Konzentrationsschwäche, Mitessern, Rheuma, Verstopfung, Wassersucht, Heuschnupfen. Stärkt das Immunsystem.
Anzahl Portionen: 4
Kalorien p. Portion 7
Gramm p. Portion 128
Kochdauer ca. 10 Min.
(Kohlehydrat:0% / Eiweiß & Fett:0%)
100g.≈ Eiweiß 0g. Fett:0g.
µg. - Ph:0 Na:0,24 Ka:0 Mg:0,24 Ca:1,22 Fe:0 Zn:0,01 Col.:0 Hsr.:0

Zutaten:
Holunderblütentee 4 TL / 12g. (empfehlenswert)
Wasser 1/2 Liter / 500g. (ja)

Kochanleitung:
Die Holunderblüten mit kochendem Wasser übergießen und nach 5 Min. abseihen.

3.34 Tee aus Rooibos

Antioxidativ, entzündungshemmend, antibakteriell, antiviral, antifungal, entgiftend (basisch), krebshemmend, schützt durch enthaltene Flavonoide, positive Wirkung bei Alzheimer und Arteriosklerose. Antiallergisch, hemmt die Histaminausschüttung.

Anzahl Portionen: 5
Kalorien p. Portion 0
Gramm p. Portion 200,8
Kochdauer ca. 10 Min.
(Kohlehydrat:0% / Eiweiß & Fett:0%)
100g.≈ Eiweiß 0g. Fett:0g.
µg. - Ph:0 Na:0,2 Ka:0 Mg:0,2 Ca:1 Fe:0 Zn:0 Col.:0 Hsr.:0

Zutaten:
Wasser 1 Liter / 1000g. (ja)
3-4 TL Rooibos Tee

Kochanleitung:
Rooibos mit einem Liter kochenden Wasser überbrühen und 6-10 Min. ziehen lassen. Bei weichem Wasser können Sie weniger Tee für die Zubereitung nehmen, bei härterem Wasser empfehlen wir eine höhere Dosierung.

3.35 Teemischung Leberglätter

Beruhigt Leber und Galle.

Anzahl Portionen: 2
Kalorien p. Portion 0
Gramm p. Portion 252
Kochdauer ca. 10 Min.
(Kohlehydrat:0% / Eiweiß & Fett:0%)
100g.≈ Eiweiß 0g. Fett:0g.
µg. - Ph:0 Na:0,5 Ka:0 Mg:0,5 Ca:2,48 Fe:0 Zn:0,02 Col.:0 Hsr.:0

Zutaten:
Leberglättertee 2 TL / 4g. (ja)
Wasser 1/2 Liter / 500g. (ja)

Kochanleitung:
Wasser zum Kochen bringen und beiseite stellen. 2 TL der Teemischung dazugeben und 10 Min. ziehen lassen. Beim Eingießen abseihen. Nach Geschmack mit Honig süßen.1/2 Tasse vor und 1/2 Tasse nach dem Essen trinken.

3.36 Vanillepudding

Gegen Verstopfung.
Anzahl Portionen: 2
Kalorien p. Portion 255
Gramm p. Portion 274,5
Kochdauer ca. 10 Min.
Allergene: G
(Kohlehydrat:67,17% / Eiweiß & Fett:32,83%)
100g.≈ Eiweiß 8,11g. Fett:8,88g.
µg. - Ph:44,27 Na:33,55 Ka:70,35 Mg:5,7 Ca:55,16 Fe:0,1 Zn:0,09 Col.:1,37 Hsr.:0

Zutaten:
Kuhmilch (Vollmilch 3,5 % Fett) 500 ml. / 500g. (wenig)
Puddingpulver Vanille 1 Paket / 37g. (ja)
Zucker (weiß, aus Rüben) 1 EL / 12g. (wenig)

Kochanleitung:
3-5 EL der Milch in eine Tasse geben und den Rest in einem Topf zum Kochen bringen. Das Puddingpulver zusammen mit dem Zucker und der Milch in der Tasse klümpchenfrei verrühren. Sobald die Milch kocht, die Mischung zugeben und unter ständigem Rühren auf kleiner Flamme ca. 3 Min. kochen. In vorbereitete Schälchen verteilen.

3.37 Vollmilch-Getreide-Brei

Entzündungshemmend, antiallergisch, kreislaufstabilisierend, stoffwechselregulierend. Senkt Blutzucker und Cholesterin, befeuchtet Darm, kühlt innere Hitze.
Anzahl Portionen: 1
Kalorien p. Portion 206
Gramm p. Portion 290
Kochdauer ca. 20 Min.
Allergene: AG
(Kohlehydrat:59,59% / Eiweiß & Fett:40,41%)
100g.≈ Eiweiß 8,98g. Fett:7,66g.
µg. - Ph:96,41 Na:73 Ka:144,97 Mg:18,31 Ca:88,66 Fe:0,42 Zn:0,33 Col.:4,14 Hsr.:6,62

Zutaten:
Kuhmilch (Vollmilch 3,5 % Fett) 200 ml. / 200g. (wenig)
Wasser 50 ml. / 50g. (ja)
Dinkel Flocken 20 g. / 20g. (ja)
Obstmischung Fruchtsaft 20 g. / 20g. (wenig)

Kochanleitung:
Die Milch mit den Vollkornflocken aufkochen und quellen lassen. Das pürierte Obst dazugeben Wechseln Sie zwischen Weizen, Hafer und

Dinkelvollkornflocken sowie die Obstsorten. So erhalten Sie eine Vielfalt an Geschmacksrichtungen.

4 Wirkung der Lebensmittel

4.1 Zutaten verwenden: empfehlenswert

Anis (gemeiner Fenchel)
Aubergine
Banane
Banane Kochbanane
Brombeere
Dill
Dorsch
Feldsalat
Fenchel
Fenchelsamen gemahlen
Fencheltee
Flaschenkürbis
Grundrezept für eine Fischbrühe
Grundrezept für eine Gemüsebrühe nahrhaft
Grundrezept für eine Hühnerbrühe wärmend
Grundrezept für eine Reissuppe (Congee)
Grundrezept für eine Rinderbrühe
Grundrezept für eine Rinderbrühe wärmend
Hokkaidokürbis
Holunderbeeren
Holunderblütentee
Honigmelone
Hüttenkäse
Kamille
Karausche
Karotte (Frühkarotte)
Karotte (Mohrrübe, Möhre)
Karottensaft ohne Zucker
Kartoffel
Kartoffel (mehlige)
Käsepappeltee
Kerbel
Kerbel getrocknet
Kräuterteemischung
Kresse
Kümmel
Kümmel gemahlen
Kürbis
Kurkuma (Gelbwurz)
Liebstöckel
Petersilie
Petersilienwurzel
Rote Rübe
Schwarzkümmel
Sellerie Knolle
Spargel (grün oder weiß)
Speiserüben
Spinat
Wachskürbis
Wassermelone
Zucchinix

4.2 Zutaten verwenden: ja

Aloesaft
Amaranth
Amaranth POPS
Angelikawurzel
Apfelmus
Artischocke
Astronautenkost
Austern
Backpulver
Baldrian
Bambussprossen
Banchatee
Barsch
Basilikum
Basilikum (frisch)
Bataviasalat
Beeren der Saison
Berberitzenrindetee

Bitterklee
Blattsalate (bitter)
Blütenpollen
Bockshornklee
Borretsch
Boxhornkleesamen
Brennnessel
Brokkoli
Brombeerblätter
Brösel (Weizenbrot, Semmel)
Brot mit Johannisbrotkernmehl
Brötchen (Semmel)
Buchweizen
Buchweizen (geröstet) Kasha
Bulgur (Getreide)
Butter (halbfett)
Butter Bio
Buttermilch
Calamari
Channa-Dal
Chicorée
Chlorella (Süßwasser)
Chrysanthemenblütentee
Couscous
Cumin (Kreuzkümmel)
Dashi
Dinkel
Dinkel Flocken
Dinkel Gries
Dornhai (Seeaal, Schillerlocken)
Dulse (Lappentang)
Eisbergsalat
Endiviensalat
Enzianwurzel
Erdbeere
Estragon
Färberdiestel (Hong Hua)
Feige
Fischstücke gemischt (Süßwasser)
Flunder
Forelle
Früchtetee
Galgant
Gänseblümchen
Garnele
Gelatine weiss
Gelee Royal
Gerste
Gerste (Nacktgerste)
Gerste (Perlgerste)
Gerstengras Pulver
Gerstengraupen
Gerstengrütze
Gerstenmalz
Gerstenmehl
Getreidekaffee
Gewürznelke
Ginkgofrucht
Ginsengwurzel
Glühweingewürzmischung
Granatapfel
Grüner Tee
Guave
Hafer
Hafer Mehl
Hafer Milch
Hafer Schmelzlocken (Babynahrung)
Hagebutte
Hagebuttentee
Haifisch
Heidelbeere
Heilbutt
Hibiskustee
Hijiki
Himbeerblättertee
Himbeere
Hiobsträne (Samen) YiYi Ren
Hirse
Hirseflocken
Huhn Eiweiß
Hummer
Jasminblütentee
Joghurt (natur, 1,5 % Fett)
Johannisbeere (rot)
Johannisbeere (schwarz)
Johannisbeere (weiß)
Johannisbrotkernmehl
Kabeljau
Kaffeeweißer
Kaktusfeige
Kalmus
Kapuzinerkresse
Karambole/Sternfrucht
Kardamom
Kartoffelmehl
Kefir
Klettenwurzeltee
Knäckebrot
Kohlrabi
Kohlrübe
Kompott (Früchte der Saison)
Kopfsalat
Koriander
Koriandergrün
Krabbe
Krake
Kräuter bittere
Kräuter der Provence

Kräuter verschiedene
Kräuter Wildkräuter
Kuhmilch (1,5 % Fett)
Kukichatee
Kumquat
Kuzu
Lachs
Languste
Laugengebäck
Lavendelblüten
Leberglättertee
Liebstöckelsamen
Lindenblütentee
Löffelbiskuit
Longane
Lorbeerblatt
Löwenzahn (junger)
Löwenzahnsaft
Löwenzahnwurzeltee
Luohan-Frucht
Lychee
Lychee (Konserve)
Magermilchpulver
Mais
Mais (geröstet)
Mais (Schnellpolenta)
Mais Gries (Polenta)
Mais Mehl (Maizena)
Maishaartee
Maisstärke
Majoran
Malventee
Mangold
Maulbeerfrucht
Meeräsche
Meereskrebs
Melisse
Miesmuscheln
Mineralwasser
Miso
Miso schwarz (fermentiert)
Mispel
Mittelmeerfisch (Kabeljau, Scholle, Schellfisch, Seeaal, Makrele)
Molke
Moosbeere
Muskatnuss
Nelke
Nori, Purpurtang, Rotalge
Nudeln (Weizen) mit Ei
Nudeln (Weizen, Bandnudeln) mit Ei
Nudeln (Weizen, Lasagneblätter) mit Ei
Nudeln (Weizen, Spagetti) mit Ei
Okra
Orangenblüten
Oregano frisch
Oregano getrocknet
Papaya
Passionsblumenblütentee
Passionsfrucht (Maracuja)
Pastinake
Pfefferminze
Pfefferminztee
Pfeilwurzelmehl
Piment
Preiselbeere
Preiselbeermarmelade
Preiselbeersaft
Puddingpulver Vanille
Qualle
Quargel 20%
Quinoa
Quitte
Radicchio
Reis Basmatireis
Reis Duftreis
Reis Gaoliangreis (Sorghum)
Reis Klebreis
Reis Langkornreis
Reis Reisschleim
Reis Roter
Reis Rundkornreis
Reis Sorte beliebig
Reis Süßer
Reismalz
Reismehl
Reisnudeln
Reisstärke
Rettich schwarz
Rettichblätter (vom Wochenmarkt)
Rhabarber
Roggen
Roggenmehl
Römersalat/Lattich-Salat
Rosenblättertee
Rosenblütentee
Rosmarin
Rotbarsch
Rote Grütze (ohne Zucker)
Safran
Sago (Getreide)
Sahne 10% Kaffeesahne
Sahne sauer 10%
Salbei
Sanddorn
Sauerampfer
Sauermilch
Sauerrahm 15% Fett

Sauerteig
Schafgarbe
Schafgarbentee
Schafmilch Joghurt
Schafskäse
Schafsmilch
Schmelzkäse 12%
Schnecke
Scholle
Schwarzwurzel
Schwedenkraut (Schwedenbitter)
Sellerie Stangensellerie
Shrimps
Spitzwegerichtee
Stachelbeere
Sternanis
Stevia (Süßkraut)
Stutenmilch
Süßholzwurzeltee
Süßkartoffel
Süßwasserfisch
Süßwasserkrebs
Teemischung Harnsäuresenkend
Thymian
Thymian getrocknet
Tintenfisch
Topfen (Quark) 20%
Tsampa (geröstetes Gerstenmehl)
Vanille
Vanillepulver
Vanilleschote
Vogelmiere
Vogerlsalat (Pflücksalat)
Wacholderbeere
Wakame
Walderdbeeren
Wasser
Wasser heiss
Weißbrot (Weizenbrot)
Weißbrot Baguette
Weißbrot Brösel (Weizenbrot)
Weißbrot Knödelbrot (Weizenbrot)
Weißbrot Salzstangerl
Weißbrot Semmel
Weißdorn
Weißfischchen
Weißwurz
Weizen
Weizen Bulgurweizen
Weizen Fladenbrot
Weizen Flocken
Weizen Gras Pulver
Weizen Gries
Weizen Gries - Kindergries
Weizen Mehl
Weizengrassaft
Wermutkraut
Wildkräuter
Yamswurzel, Yamswurzelknolle
Yogitee
Ysop
Ziegen- und Schafsmilch
Ziegenkäse
Zimtpulver
Zimtstange
Zitronengras
Zitronenmelisse (frisch)
Zitronenmelisse (getrocknet)
Zuckerersatz (Süßstoff)
Zwieback

4.3 Zutaten verwenden: wenig

Acerola Fruchtnektar oder Pulver
Agar-Agar, Agartang
Agavendicksaft
Ahornsirup
Ananas
Ananas (aus der Dose)
Ananassaft ungezuckert
Apfel (sauer)
Apfel (süß)
Apfelsaft (Naturtrüb)
Aprikosen Marmelade
Avocado
Bärentraubenblätter
Beerensaft
Benediktinerdistel
Birne
Birnensaft
Blumenkohl (Karfiol)
Bohnenöl
Borretschöl
Bratöl
Brombeermarmelade
Buchweizen Vollkorn
Butterschmalz
Cranberries
Datteln getrocknet
Datteln rot
Dinkel Brot
Dinkel Vollkornmehl
Distelöl
Edamer
Eibisch (Hibiscus)

Entenei
Erdbeermarmelade
Erdbeersaftgetränk
Erdnussöl
Essig (Apfelessig)
Essig (Rotweinessig)
Essig Aceto Balsamico
Essig Aceto Balsamico weiss
Fasan
Feige getrocknet
Feta
Fisch Innereien
Fischreste
Fischsouce
Frischkäse
Frischkäse aus Soja
Frischkäse mit Kräuter
Fruchtzucker (Fruktose, Traubenzucker)
Gänseei
Gemüsesaft
Gouda
Graskarpfen
Grünkern
Gurke
Gurke (bitter)
Gurke (Gewürzgurke)
Hafer Flocken geröstet
Hafer Schrot
Hammel
Hase
Hase, wild
Hefe
Heidelbeere getrocknet
Heidelbeermarmelade
Heidelbeersaft
Hering
Himbeere getrocknet (unreife)
Himbeermarmelade
Hirsch Fleisch
Hirsch Knochen
Honig
Hopfen
Huhn Ei
Huhn Eigelb
Huhn Fleisch
Joghurt (natur, 3,5 % Fett)
Johannisbeermarmelade (rot)
Johannisbeermarmelade (schwarz)
Johannisbeernektar (schwarz)
Kakao
Kaninchen Fleisch
Kapern (eingelegt)
Kastanien (Maronen)
Kaviar
Kiwi
Kombualge
Korinthen (rot)
Korinthen (schwarz)
Kuhmilch (Vollmilch 3,5 % Fett)
Kürbiskernöl
Lamm Fleisch
Lamm Knochen
Lamm Schulter
Leinöl
Maiskeimöl
Makrele
Malz
Mango
Mangopulver
Mangosaft
Margarine
Margarine (Diät)
Mehrkornbrot (Graubrot)
Mohn
Mozzarella
Nektarine
Obstmischung Fruchtsaft
Olivenöl
Orangenmarmelade
Palmöl
Pferd Fleisch
Pfirsich
Pfirsich (Dose)
Pute Brustfleisch
Pute Schinken
Rapsöl
Reh Fleisch
Rind (Kalb)
Rind Filet
Rind Fleisch
Rind Fleischknochen
Rind Ochsenschwanzstücke
Rind Suppenfleisch
Rosinen
Sahne sauer 20%
Salz
Salz Kräutersalz
Schaffleisch
Schimmelkäse
Schmelzkäse 30%
Schwein Fleisch
Schwein Haxe (Eisbein)
Schwein Schinken
Schwein Schinken gekocht
Schwein Schinken geselcht
Senfsamen
Sesamöl

Soja Tofu
Soja Tofu geräuchert
Sojabohnenmilch
Sojamehl
Soja-Nudeln
Sojaöl
Sojasauce
Sonnenblumenöl
Taube
Taube Ei
Thunfisch
Tomate
Tomatenmark
Tomatenpüre
Tomatensaft
Tonicwasser
Topfen (Quark) 40%
Trauben rot
Trauben weiß
Traubenkernöl
Traubensaft rot
Traubensaft weiß
Trüffel
Umeboshipaste
Vanillezucker natur
Wachtel
Wachtel Ei
Walnussöl
Weizenkeimöl
Wildschwein Fleisch
Ziege
Zucker (Staubzucker)
Zucker (weiß, aus Rüben)
Zucker braun
Zucker Fructose Fruchtzucker
Zucker Glukose Traubenzucker
Zucker Kandis weiß
Zucker Melasse
Zucker Milchzucker
Zucker Palmzucker
Zucker Ursüße (Zuckerrohr) süß

4.4 Kontraindikativ wirkende Lebensmittel nicht verwenden

Aal
Aal geräuchert
Adzukibohnen
Andornkraut
Aprikose
Aprikose getrocknet
Aprikosennektar
Austernpilze
Austernschalenpulver
Bärlauch (Knoblauchspinat)
Bier (alkoholarm)
Bier (alkoholfrei)
Bier (Altbier)
Bier (Pils)
Bitter Lemon
Bitterlikör
Bitterorangenschale
Blätterteig
Bocksdornfrüchte (Fructus Lycii) getrocknet
Bohnen (grün, frisch)
Bohnenkraut
Brie
Brombeere getrocknet (unreife)
Buschbohnen
Butterbohnen weiße
Camembert
Campari
Cashewnüsse
Champignon
Chenpi (chinesische Mandarinenschale)
Chili (Schote oder gemahlen)
Chinakohl
Clementinen
Colagetränk
Colagetränk (kalorienarm)
Creme fraiche
Curry
Currypaste rot
Eibennuss
Emmentaler
Ente (Frühmastente, schlachtfrisch)
Ente (Herz)
Erbse, grün
Erbsen
Erdnuss (geröstet)
Erdnussbutter
Erdnüsse
Essiggurke
Färberginsterkraut
Fernet Branca (Kräuterbitterlikör)
Flohsamen
Forelle (geräuchert)
Gagelpflaume
Gans
Gans (Gänseklein)
Gans (Gänseschmalz)

Gänseblut
Garam Masala Pulver
Ginsenglikör
Gorgonzola
Grapefruit getrocknete Schale
Grapefruit/Pampelmuse/Pomelo
Grapefruitsaft
Grundrezept für eine Entenbrühe
Hafer Flocken (Vollkorn)
Haselnüsse
Hirsch Nieren
Honigwein (Met)
Huhn Blut
Huhn Herz
Huhn Leber
Huhn Magen
Ingwer frisch
Ingwer Pulver
Ingweröl
Kaffee
Kaki-Pflaume
Kaninchen Leber
Karpfen
Kichererbsen
Kirsche
Kirsche (sauer)
Kirschenkompott
Kirschsaft
Klementine
Knoblauch
Kokosfett
Kokosflocken
Kokosmilch
Kokosnussfleisch
Kokosraspeln
Kürbiskerne
Lamm Leber
Lamm Nieren
Lauch (Porree)
Lauchzwiebel Schnittlauch
Leinsamen
Leinsamen (geschrotet)
Limabohnen
Linsen (Helmbohnen)
Linsen gelb
Linsen rot
Linsen schwarz
Lycheelikör
Malzbier
Mandarine
Mandelmilch
Mandelmus
Mandeln
Mandeln Marzipan
Maniokmehl
Marillen
Marillensaft
Martini
Mayonnaise 50%
Mayonnaise 80%
Mirabelle
Mixed Pickels
Morchel (schwarz, getrocknet)
Mu-Erh-Pilz
Mungbohne
Mungbohnensprossen
Müsli
Nachtkerzenöl
Nierenbohnen (rote)
Nudeln (Vollkorn) mit Ei
Odermennig
Oliven
Oliven grün
Orange
Orange abgeriebene Schale
Orange getrocknete Schale
Orange Schale
Orangensaft
Paprika
Paprika (Rosenpaprikapulver)
Paprika (süß)
Paranuss
Parmesan
Peperoni
Peperoni, gelb, entkernt, halbiert
Peperoni, rot, entkernt, halbiert
Pfeffer Cayenne
Pfeffer Körner
Pfeffer weiss (gemahlen)
Pfifferlinge/Eierschwammerl
Pflaume
Pflaume getrocknet
Pinienkerne
Pintobohnen gesprenkelt
Pistazien
Prosecco
Pumpernickel
Radieschen
Reineclaude
Reis Schwarzer
Reis Vollkorn
Reis Wilder (Naturreis)
Reishi
Rettich (weiß, grün, lila-rot)
Rettich Meerrettich (Kren)
Rind Herz
Rind Herz (Kalb)
Rind Knochenmark

Rind Leber
Rind Lunge (Kalb)
Rind Magen
Rind Niere
Roggen Vollkornbrot
Rosenkohl
Rotkohl
Rotwein
Rum
Sahne sauer 30%
Sahne, süß 30%
Sake
Sardellen/Sardine
Saubohnen (Dicke Bohnen)
Sauerkirsche
Sauerkraut
Schlehdorn
Schnaps
Schokolade
Schokolade (Diabetiker)
Schwarzaugenbohnen
Schwarze Bohnen
Schwarzer Fungu Pilz
Schwarztee
Schwein Blut
Schwein Bratwurst
Schwein Darm
Schwein Fett
Schwein Haut
Schwein Herz
Schwein Hirn
Schwein Leber
Schwein Lunge
Schwein Magen
Schwein Markknochen (Röhrenknochen)
Schwein Mettwurst
Schwein Nieren
Schwein Schinkenspeck
Schwein Schmalz
Seegurke
Senf
Senf Dijon
Senf mittelscharf
Senf süß
Sesam Paste (Tahini)
Sesam, Schwarzer
Sesam, Weißer
Sesamöl geröstet
Sherry
Shiitake, getrocknet
Silbermorchel, getrocknet
Soja Cuisine (Soja-Sahne)
Sojabohne
Sojabohnen, Gelbe
Sojabohnen, Schwarze
Sojabohnen, Schwarze, fermentiert
Sojacreme
Sojapaste (Miso)
Sonnenblumenkerne
Stangenbohnen (Fisolen)
Steinpilz/Herrenpilz
Tabasco
Toastbrot (Vollkorn)
Tomate getrocknet
Umeboshipflaumen (Japanaprikosen)
Vollkornbrot
Vollkornbrot mit ganzen Körner
Vollkornmehl
Walnüsse
Walnüsse geröstet
Weiße Bohnen
Weißkohl/Weißkraut
Weißwein
Weizen Bier
Weizen Mehl Vollkorn
Weizen/Roggen Grau- Schwarzbrot mit Hefe
Weizenkleie
Wermut
Wirsing/Grünkohl
Ziegen- und Schafsblut
Ziegen- und Schafshirn
Ziegen- und Schafsleber
Ziegen- und Schafsmagen
Zitrone
Zitrone Saft
Zitrone Schale
Zitrone, Limette
Zwetschken
Zwiebel Frühlingszwiebel
Zwiebel rot
Zwiebel Schalotte
Zwiebel weiss

5 Komplementär

5.1 Dekokt (Abkochung)

5.1.1 Löwenzahn Wurzel

Lindert Entzündungen, steigert den Gallefluss, regt die Milchproduktion an, stärkt die Magenfunktionen, wirkt fiebersenkend und abschwellend, löst Blutgerinnsel auf, reinigt das Blut.
6-8 Pflanzen 10-14 Tage lang in zwei Dosen auf leeren Magen trinken
Dosierung: bei Leber- und Gallenbeschwerden und der damit verbundenen Anspannung, Übelkeit und Reizbarkeit eine Abkochung mit 6-8 Pflanzen 10-14 Tage lang in zwei Dosen auf leeren Magen trinken; bei geringer Milchbildung Abkochung aus 10 Pflanzen in drei Dosen auf leeren Magen trinken; bei Brusttumoren und damit verbundenen Schmerzen und Schwellungen Abkochung aus 20 Pflanzen in drei Dosen auf leeren Magen trinken. Äußerlich wirkt der Saft der frischen Pflanze als Gegengift auf Schlangenbisse.
Besonderheiten: In der TCM hat der Löwenzahn aufgrund seiner abschwellenden, entstauenden und entgiftenden Wirkung als Heilmittel eine große Bedeutung in der Behandlung von Störungen der weiblichen Geschlechtsorgane, insbesondere der Brüste, sowie bei Leberbeschwerden. Außerdem eignet sich Löwenzahn sehr gut, um nach reichlichem Alkoholgenuss den „Kater" am nächsten Morgen zu vertreiben.
Nicht zu viel davon verwenden, da es leicht zu Diarrhö kommt.

5.1.2 Wacholderbeeren

Fördert Verdauung. Gut gegen Appetitlosigkeit, Müdigkeit, Rheuma, Gicht, Abwehrschwäche, Reizblase. Harnregulierend.
2 Teelöffel des Tees mit 250 ml kochendem Wasser übergießen und 10 Minuten ziehen lassen. Danach absieben. Nach Bedarf 2 bis 3 Tassen pro Tag trinken.
Verwendung: Tee, würzen

.
Überdosierung meiden, Schwangere und akuten Nierenkranke sollten verzichten. Bei äußerlicher Einwirkung kann es zu einer Entzündung der Haut mit Blasenbildung kommen.

5.2 Heil-Tee (Aufguss)

5.2.1 Anis

Erhöht die Gallenausscheidung, Positiv bei Herzerkrankungen, Empfehlenswert für die Gallen- und Leberdiät, Mittel gegen Blähungen, kräftigt den Magen, Gute Dienste bei Husten, stimulierend. Asthma, Husten, fördert Milchsekretion.
3 TL pro Tasse
Wirkstoffe: Salizylsäure, Kreosol, Alpha-Pinene, trans-Anethol, fettes Öl, Zucker, Eiweiß.
Ein heißer Aufguss (Infus) wird aufgrund seiner schleimlösenden Wirkung als Hustenmittel auf Grund von krampflösender und blähungstreibender Wirkung auch bei Magen-Darm-Beschwerden, verwendet. Anistee wird daher oft auch mit Fenchel und Kümmel gemischt bei Verdauungsbeschwerden, Blähungen, Koliken und Krämpfen eingesetzt.

5.2.2 Granatapfelschale

Beruhigt Darm, bakterizid, löst Gallen-, Nieren- und Blasensteine.
3-10 g

5.2.3 Leberblümchen

Bei Leber- und Gallenleiden.
Die grundständigen Blätter des Hahnenfußgewächses sind langstielig, 3lappig, oben dunkelgrün und unterseits meist rotbraun oder purpurn. Sie erscheinen nach der Blüte und überwintern. Die tiefblauen Blüten (selten rosa oder weiß) haben 6-9 Kronblätter und sind ebenfalls lang gestielt; unterhalb der Blütenkrone bilden 3 Hochblätter einen Scheinkelch. Leberblümchen kommen meist in größeren Beständen in Buchen-, Eichen- und Nadelmischwäldern vor. Sie bevorzugen kalkige Böden. Der Name dieses Frühblühers leitet sich von seiner heilkundlichen Verwendung ab.

5.2.4 Pfefferminzblätter

Entkrampft, befreit Lunge und Nase (Inhalieren), reguliert Zyklus. Regt Gallenfluss und Gallensaftproduktion an, krampflösend bei Beschwerden im Magen-Darm-Bereich, antimikrobiell und antiviral.
2-10 g mit 250 ml kochendem Wasser übergießen und 10 Minuten ziehen lassen. Danach absieben. Nach Bedarf 2 bis 3 Tassen pro Tag trinken.
Wirkstoffe: äth. Öl (Menthol), Gerbstoffe, Flavonoide, Bitterstoffe
Nicht lange kochen; nicht verwenden bei: Biao-Xu-Schwitzen oder Schwangerschaft.

5.2.5 Rooibos

Antioxidativ, entzündungshemmend, krebshemmend, schützt durch enthaltene Flavonoide, positive Wirkung auch auf Alzheimer, Arteriosklerose. Antiallergisch, hemmt die Histaminausschüttung. Antibakteriell, antiviral, antifungal, entgiftend (basisch).
3-4 Teelöffel Rooibos mit einem Liter kochendem Wasser überbrühen und 6-10 Min. ziehen lassen. Bei weichem Wasser benötigen Sie weniger Tee für die Zubereitung, bei härterem Wasser empfehlen wir eine höhere Dosierung.

5.2.6 Tausendguldenkraut

Gut gegen Appetitlosigkeit, Blähungen, Blutarmut, Erschöpfungszustände, Fieber, Gallensteine, Leber- und Gallenfunktionsschwäche, Magenbeschwerden, Migräne, Sodbrennen, Verdauungsstörungen, Wundheilung.
2 Teelöffel des Tees mit 250 ml kochendem Wasser übergießen und 10 Minuten ziehen lassen. Danach absieben. Nach Bedarf 2 bis 3 Tassen pro Tag trinken.
Nicht bei Magengeschwüren verwenden.

5.3 Komplementäre Anwendung

5.3.1 Tuina Massage

Unterstützt den Stressabbau, ist Blockaden lösend und Immunsystem stärkend.
Anwendung nach Vereinbarung mit dem Therapeuten.
Nicht bei Tumoren, akute Verletzungen oder Ulzerationen der Haut.

5.4 Speisezugabe

5.4.1 Gelbwurz (Kurkuma)

Fördert die Entleerung der Gallenwege, gut gegen Magen-Darmbeschwerden. Antioxidativ, antiviral, antibakteriell und entzündungshemmend.
Für eine tägliche, dauerhafte Einnahme, kann Kurkuma zu Kartoffelpüree, Milchspeisen, Suppen oder Soßen beigemengt werden.
Wirkstoffe: äth. Öl, Bitterstoffe, Curcumin, Stärke

Gelbwurz oder Tumeric - Hat beeindruckende Erfolge bei der Behandlung von Karzinogenen und Mutagenen bei Labortieren erzielt. Konzentrierter Gelbwurz zeigte ein Vermehrung der Glutathion S-

Transferase-Enzyme, die für das Leben und die Leberentgiftung von wesentlicher Bedeutung sind.
Medizinische Anwendungen: Amenorrhoea, Blutarmut, Arthritis, Asthma, Blutgerinnsel, Krebs, Candida, Katarrh, aufbauend, Husten, Ruhr, Dysmenorrhöe, Ekzeme, Winde, Gallenblasen-Erkrankungen, Gallensteine, Gastritis, Herzleiden, Hepatitis, zu hohem Cholesterinspiegel, Verdauungsstörungen, reizbarem Darm, Gelbsucht, Leberentgiftung, Schutz der Leber, Übelkeit, Fettleibigkeit, Rachenkatarrh, Hautkrankheiten, einschließlich parasitischer Hautinfektionen, Traumata, Harnwegskrankheiten, Tumore an der Gebärmutter.
Eigenschaften: Alterativ, schmerzlindernd, antibiotisch, anti-koagulant (hemmt Blutgerinnung) antifungal, entzündungshemmend, antioxidierend, antiseptisch, aromatisch, adstringierend, galletreibend, kreislaufanregend, verdauungsfördernd, den Eintritt der Monatsblutung förderndes Mittel, leberstärkend, Stimulans, unterstützt die Wundheilung.
Bei Verschluss der Gallenwege oder Gallensteinen sollte man auf Kurkuma verzichten.

5.5 Verschiedene Möglichkeiten

5.5.1 Ampfer

Hilft bei Hauterkrankungen (Ekzeme), Juckreiz, Geschwüre, geschwollene Drüsen, Obstipation, Leber und Gallenleiden, rheumatische Erkrankungen, Gicht, Eisenmangel.
Übergießen Sie frische oder getrocknete Blätter mit Wasser und lassen sie mindestens zehn Minuten ziehen.
Nicht verwenden in der Schwangerschaft und Stillzeit.

6 Grundlagen der Ernährung

Die hier beschriebenen Grundlagen der Ernährung zeigen allgemeine Empfehlungen und beziehen sich nicht auf eine spezielle Therapieform. Die Empfehlungen der Therapie haben Vorrang.

6.1 Ernährung

Die regelmäßige Einnahme von Mahlzeiten in entspannter Atmosphäre. Ein wärmendes Frühstück gilt als guter Start in den Tag.
Mittags sollte die Hauptmahlzeit stattfinden - das Abendessen am frühen Abend.

Die Beachtung von Hunger- und Sättigungsgefühlen: Nicht überessen und nicht hungern, so lautet die Regel.

Die frische Zubereitung der Speisen aus naturbelassenen, regionalen Produkten. Tiefgekühlte, hitzekonservierte, industriell vorgefertigte oder mikrowellengegarte Lebensmittel werden gemieden.

Die Auswahl von Lebensmittel nach der Jahreszeit: Im Sommer mehr kühlende Nahrung, im Winter mehr wärmende Nahrung.

Mindestens zweimal am Tag Gekochtes essen. Speisen und Getränke sollen möglichst handwarm, niemals eiskalt oder heiß sein.

Rohkost, kurz gegartes Gemüse, frisch gepresste Säfte und Mineralwasser werden üblicherweise nicht empfohlen. Milch und Milchprodukte stehen nur dann auf dem Speiseplan, wenn sie problemlos vertragen werden.

Therapeutische Rezepte nicht über einen längeren Zeitraum ohne Rücksprache mit dem Arzt oder Therapeuten einnehmen.

1. Vielseitig essen
Lebensmittelvielfalt genießen. Merkmale einer ausgewogenen Ernährung sind abwechslungsreiche Auswahl, geeignete Kombination und angemessene Menge nährstoffreicher und energiearmer Lebensmittel. (Einerseits Schutz vor Unterversorgung mit essentiellen Nährstoffen und andererseits Schutz vor einer überhöhten Zufuhr unerwünschter Inhaltsstoffe.)

2. Reichlich Getreideprodukte - und Kartoffeln
Brot, Nudeln, Reis, Getreideflocken (am besten aus Vollkorn), sowie

Kartoffeln enthalten kaum Fett, aber reichlich Vitamine, Mineralstoffe, Spurenelemente sowie Ballaststoffe und sekundäre Pflanzenstoffe. Diese Lebensmittel sollten mit möglichst fettarmen Zutaten verzehrt werden.

3. Gemüse und Obst - Nimm "5" am Tag ...
5 Portionen Gemüse und Obst am Tag, möglichst frisch, nur kurz gegart, oder auch eine Portion als Saft – idealerweise zu jeder Hauptmahlzeit und auch als Zwischenmahlzeit: Damit werden reichlich Vitamine, Mineralstoffe sowie Ballaststoffe und sekundären Pflanzenstoffe (z.B. Carotinoiden, Flavonoiden) zugeführt. Das Beste, was man für die eigene Gesundheit tun kann.

4. Täglich Milch und Milchprodukte, ein- bis zweimal in der Woche
Fisch; Fleisch, Wurstwaren sowie Eier in Maßen. Diese Lebensmittel enthalten wertvolle Nährstoffe, wie z.B. Calcium in Milch, Jod, Selen und Omega-3-Fettsäuren in Seefisch. Fleisch ist wegen des hohen Beitrags an verfügbarem Eisen und an den Vitaminen B1, B6 und B12 vorteilhaft. Mengen von 300 - 600 g Fleisch und Wurst pro Woche reichen hierfür aus. Fettarme Produkte bevorzugen, vor allem bei Fleischerzeugnissen und Milchprodukten.

5. Wenig Fett und fettreiche Lebensmittel
Fett liefert lebensnotwendige (essenzielle) Fettsäuren und fetthaltige Lebensmittel enthalten auch fettlösliche Vitamine. Fett ist besonders energiereich, daher kann zu viel Nahrungsfett Übergewicht fördern, möglicherweise auch Krebs. Zu viele gesättigte Fettsäuren fördern langfristig die Entstehung von Herz-Kreislauf-Krankheiten. Pflanzliche Öle und Fette bevorzugen (z.B. Raps-, Oliven- und Sojaöl und daraus hergestellte Streichfette). Auf unsichtbares Fett achten, das in Fleischerzeugnissen, Milchprodukten, Gebäck und Süßwaren sowie in Fast-Food- und Fertigprodukten meist enthalten ist. Insgesamt 70 - 90 Gramm Fett pro Tag reichen aus.

6. Zucker und Salz in Maßen
Nur gelegentlich Zucker und Lebensmittel, bzw. Getränke verzehren, die mit verschiedenen Zuckerarten (z.B. Glucose Sirup) hergestellt wurden. Kreativ mit Kräutern und Gewürzen und wenig Salz würzen. Jodiertes Speisesalz bevorzugen.

7. Reichlich Flüssigkeit
Wasser ist absolut lebensnotwendig. Jeden Tag rund 1-2 Liter Flüssigkeit trinken. Wasser (ohne oder mit Kohlensäure) und andere kalorienarme Getränke bevorzugen. Alkoholische Getränke sollten nicht konsumiert

werden.

8. Schmackhaft und schonend zubereiten
Die jeweiligen Speisen bei möglichst niedrigen Temperaturen garen, soweit es geht kurz, mit wenig Wasser und wenig Fett - das erhält den natürlichen Geschmack, schont die Nährstoffe und verhindert die Bildung schädlicher Verbindungen.

9. Sich Zeit nehmen und das Essen genießen
Bewusstes Essen hilft, richtig zu essen. Auch das Auge isst mit. Sich beim Essen Zeit lassen. Das macht Spaß, regt an, vielseitig zuzugreifen und fördert das Sättigungsempfinden.

10. Auf das Gewicht achten und in Bewegung
Ausgewogene Ernährung, viel körperliche Bewegung und Sport (30 bis 60 Minuten pro Tag) gehören zusammen. Mit dem richtigen Körpergewicht fühlt man sich wohl und fördert die Gesundheit.
Thermik, Wirkrichtung, Verdauungskraft
Es gibt unterschiedliche Kriterien, die Wirksamkeit von Kräutern und Lebensmittel zu beurteilen. Der Einsatz der Kräuter und Zutaten basiert auf Beobachtung, was die Lebensmittel, Kräuter und Gewürze nach ihrem Verzehr im Körper bewirken. In der Medizin hat sich daraus folgendes System entwickelt: Jede Zutat oder Kraut hat eine Wirkrichtung. Außerdem gibt es noch Kräuter, die eine besondere Wirkung auf bestimmte Organe haben.

Voraussetzung für einen gesunden Stoffwechsel ist es, darauf zu achten, dass wir ausreichend Energie aus der Nahrung gewinnen und der Verdauungsprozess so wenig Energie wie möglich verbraucht. Eine bekömmliche Mahlzeit macht zufrieden und satt, verursacht keine Blähungen und keine Müdigkeit nach dem Essen. Richtiges Würzen erhöht die Bekömmlichkeit unserer Speisen. Es genügen oft schon geringe Mengen an Kräutern und Gewürzen. Sie dienen nicht dazu, uns satt zu machen, sondern helfen unseren Verdauungsorganen, die Nahrung zu verdauen.

6.2 Rezepte

Die Rezepte zeigen Ihnen welche Zutaten verwendet werden sowie mit der Kochanleitung wie diese zubereitet werden. Bei den Zutaten wird neben den Mengenangaben auch die Wichtigkeit für die Therapie angezeigt. Wenn dabei angezeigt wird "weniger als angegeben" versuchen Sie diese Empfehlung einzuhalten oder eine Alternative aus der Liste der "Empfohlenen Lebensmittel" zu finden. Meistens ist es nur eine leichte geschmackliche Änderung wenn Sie diese Zutat gänzlich weglassen.

Schonende Kochmethoden: Kochen, dämpfen, pochieren, dünsten
Scharfe Kochmethoden: Grillen, rösten, anbraten, räuchern
Ausgeglichene Kochmethoden: Frittieren, Römertopf

Auf das Einfrieren und erwärmen in der Mikrowelle sollte verzichtet werden (Denaturierung).

6.3 Lebensmittel

Lebensmittel wirken wie Heilkräuter auf Körper und Geist, nur wesentlich sanfter. Die Ernährungsberatung stützt sich hauptsächlich auf heimische Lebensmittel. Das Wissen über die Wirkungsweisen jedes einzelnen Lebensmittels und das Wissen wann welche Lebensmittel zur Anwendung kommen, entstammt der Schulmedizin. Verwende Sie möglichst Erzeugnisse aus ökologischen-biologischem Landbau.

Da wegen der besseren Verdaulichkeit grundsätzlich alles lange gekocht und kaum roh gegessen wird, ist die Verträglichkeit hervorragend.

Die Einteilung der Lebensmittel entsprechend ihrer Wirkung auf den Körper und bildet die Basis, um einen ausgewogenen und harmonischen Gesundheitszustand im Körper zu erreichen.

Grundsätzlich empfiehlt die Ernährungsberatung keine bestimmten Lebensmittel für Jedermann. Ausschlaggebend für den individuellen Speiseplan ist vor allem die persönliche Konstitution.

Kaufen Sie nur frisches und reifes Obst und Gemüse ein. Braune Stellen, welke Blätter aber auch unreifes Obst und Gemüse sollten Sie im Supermarkt zurücklassen. Greifen Sie dann zu Tiefkühlware (keine Fertiggerichte!). Tiefkühlobst und -gemüse werden kurz nach dem Ernten schockgefroren und enthalten deshalb oftmals mehr Vitamine und Mineralstoffe, als die Ware aus der Obst- und Gemüsetheke! Konserven- und Dosenware dagegen enthält wesentlich weniger Biostoffe. Zudem werden Letztere meist mit Salz, Zucker usw. angereichert. Lassen Sie die Zutaten nach dem Waschen nie im Wasser liegen, denn so gehen viele Vitalstoffe ins Wasser über! Putzen Sie Salate, Früchte und Gemüse erst unmittelbar vor Verzehr.

Beachten Sie bitte die hygienische Verarbeitung der Lebensmittel. Waschen Sie Ihre Salate, Früchte und Gemüse gründlich. Bei Gerichten mit Fleisch bereiten Sie zuerst die Zutaten vor und verarbeiten dann die Fleischprodukte. Reinigen Sie danach die Arbeitsflächen und Werkzeuge besonders gründlich. Holzunterlagen sollten regelmäßig mit leichtem Desinfektionsmittel behandelt werden um die Keimbildung einzuschränken.

Bewahren Sie Obst und Gemüse möglichst getrennt voneinander auf. Auch geerntete Früchte und Gemüse leben und strömen z.B. Ethylengas aus, das andere Sorten schneller reifen und altern lässt. Fleisch und Fisch in der verschlossenen Verpackung lassen oder in luftdichten Boxen im Kühlschrank aufbewahren.

6.4 Kräuter

Bei der Aufbewahrung und Lagerung von Heilkräutern, müssen gewisse Grundregeln beachtet werden. Grundsätzlich müssen Heilkräuter geschützt vor direkter Sonneneinstrahlung, vor Feuchtigkeit und vor heißen Temperaturen gelagert werden.

Als Gefäße für die Lagerung von Heilkräutern können Gläser, Keramik-Behälter und zur Not auch Plastik-Dosen eingesetzt werden. Plastik ist aber ein sehr unreines Material und sollte daher wirklich nur eine kurzfristige Notlösung sein. Bei Glasbehältern ist darauf zu achten, dass dunkles Glas verwendet wird.

Heilkräuter können nicht beliebig lange aufbewahrt werden. Die Haltbarkeit von Heilkräutern ist auf jeden Fall begrenzt. Durch die Haltbarkeitsdauer kann durch sachgerechte Lagerung wesentlich erhöht werden. So soll der Lagerplatz dunkel, eher kühl und absolut trocken sein. Ein Medizinschrank aus Holz, der nicht direkt bei einer Wärmequelle platziert ist wäre ideal. Um Ihre Heilkräuter nicht wegwerfen zu müssen, kaufen Sie nicht zu große Mengen an Heilpflanzen. Beschriften Sie die Behälter mit dem Namen des Heilkrauts und dem Datum der Ernte bzw. der Verarbeitung.

7 Weitere Ernährungsvorschläge

Folgende Syndrome der Diätetik, der TCM oder als Therapieergänzung bei Krebs sind verfügbar.

DIÄTETIK

1. Ernährung des Säuglings - Beikost
2. Ernährung in der Stillzeit
3. Ernährung im Alter
4. Ernährung von Kindern und Jugendlichen
5. Ernährung von Sportlern
6. Leichte Vollkost
7. Schwangerschaft
8. Vollkost

Eiweiß und Elektrolyt – Nieren

9. (Hämo-)Dialysebehandlung
10. Akutes Nierenversagen
11. Chronische Niereninsuffizienz
12. Nephrotisches Syndrom
13. Nierensteine (Nephrolithiasis)

Gastrointestinaltrakt - Bauchspeicheldrüse

14. Akute Pankreatitis (Entzündung der Bauchspeicheldrüse)
15. Chronische Pankreatitis (Entzündung der Bauchspeicheldrüse)

Gastrointestinaltrakt - Dünndarm und Dickdarm

16. Akute Obstipation (Verstopfung)
17. Chronische Obstipation (Verstopfung)
18. Colon irritabile
19. Divertikulitis
20. Erworbene Laktoseintoleranz (Laktosemalabsorption)
21. Fruktosemalabsorption
22. Glutensensitive Enteropathie (Zöliakie)
23. Kolektomie
24. Kurzdarmsyndrom

Gastrointestinaltrakt - Leber, Gallenblase, Gallenwege

25. Akute und chronische Hepatitis (Entzündung der Leber)
26. Cholelithiasis (Gallensteine)
27. Fettleber
28. Leberzirrhose

Gastrointestinaltrakt - Magen und Zwölffingerdarm

29. Akute Gastritis
30. Chronische Gastritis
31. Magenblutung
32. Ulcus ventriculi und Ulcus duodeni
33. Zustand nach Magenoperation

Gastrointestinaltrakt - Mundhöhle und Speiseröhre

34. Mundschleimhautentzündung
35. Ösophaguskarzinom (Speiseröhrenkrebs)
36. Reflüxösophagitis (Sodbrennen)

spezielle Krankheiten

37. Phenylketonurie (PKU)
38. Rheumatische Gelenkserkrankungen

Stoffwechsel
39. Adipositas (Übergewicht)
40. Diabetes mellitus
41. Essstörungen (Untergewicht)

Fettstoffwechsel
42. Hypercholesterinämie (erhöhter Cholesterinspiegel)
43. Hepatische Enzephalopathie

Herz- und Kreislauf
44. Arteriosklerose (Arterienverkalkung)
45. Herzinsuffizienz
46. Hypertonie (Bluthochdruck)
47. Hyperurikämie und Gicht

veränderter Nährstoffbedarf
48. bei Fieber
49. bei malignen Erkrankungen
50. nach Verbrennungen
51. Strahlen- und Chemotherapie

KREBS
100. Bauchspeicheldrüse
101. Blasenkrebs
102. Blutkrebs (Leukämie)
103. Brustkrebs
104. Darmkrebs
105. Magenkrebs
106. Nierenkrebs
107. Speiseröhrenkrebs

TCM
200. Blase - Feuchte Hitze in der Blase
201. Blase - Feuchtigkeit und Kälte in der Blase
202. Blase - Leere und Kälte in der Blase
203. Dickdarm - äussere Kälte befällt den Dickdarm
204. Dickdarm - Feuchte Hitze im Dickdarm
205. Dickdarm - Hitze blockiert den Dickdarm II akut
206. Dickdarm - Trockenheit des Dickdarms
207. Dickdarm - Yang Mangel (Kälte)
208. Herz - Blut Mangel
209. Herz - Blut Stagnation
210. Herz - Feuer
211. Herz - Heisser Schleim verstopft die Herzporen
212. Herz - Kalter Schleim verstopft die Herzporen
213. Herz - Qi Mangel
214. Herz - Yang Mangel
215. Herz - Yin Mangel
216. Leber - aufsteigender Leber-Yang
217. Leber - Blut-Mangel
218. Leber - Blut-Stagnation
219. Leber - feuchte Hitze in Leber und Gallenblase
220. Leber - Feuer
221. Leber - Gallenblase Qi-Leere
222. Leber - Kälte im Lebermeridian
223. Leber - Qi-Stagnation

224. Leber - Wind
225. Leber - Wind mit aufsteigendem Leber Yang
226. Leber - Wind mit Blutleere
227. Leber - Wind mit extremer Hitze
228. Lunge - Qi Mangel
229. Lunge - Schleim-Feuchtigkeit in der Lunge
230. Lunge - Schleim-Hitze in der Lunge
231. Lunge - Schleim-Kälte in der Lunge
232. Lunge - Trockenheit der Lunge
233. Lunge - Wind-Hitze befällt die Lunge
234. Lunge - Wind-Kälte befällt die Lunge
235. Lunge - Yin Mangel
236. Magen - Blutstagnation
237. Magen - Feuer
238. Magen - Magenkälte mit Flüssigkeit
239. Magen - Nahrungsstagnation
240. Magen - Qi Mangel
241. Magen - rebellierendes Magen Qi
242. Magen - Yin Leere
243. Milz - Hitze und Feuchtigkeit befällt die Milz
244. Milz - Kälte und Feuchtigkeit befällt die Milz
245. Milz - Qi Mangel
246. Milz - Qi Mangel + Absinkendes MilzQi
247. Milz - Qi Mangel + Milz kontrolliert das Blut nicht
248. Milz - Yang Mangel
249. Niere - Herz und Niere kommunizieren nicht mehr
250. Niere - Jing Mangel
251. Niere - Nieren können das Qi nicht empfangen
252. Niere - Qi ist nicht fest
253. Niere - Yang Mangel
254. Niere - Yin Mangel